마녀사냥

모리시마 쓰네오 지음 | 김진희 옮김

마녀집회

목차

그랑디에 신부의 화형

프롤로그
──마녀 선풍

'근자에 북독일과 라인강의 여러 지역에서 많은 남녀가 가톨릭 신앙에서 일탈하여(마녀가 되어) 남색마와 여색마에게 몸을 맡기고, 갖가지 꺼림칙한 마법으로 논밭의 작물과 과실을 시들게 하고, 태아와 어린 가축을 죽이고, 사람과 가축에게 고통을 주고 병에 걸리게 하며, 남편은 성 불능으로 만들고 아내는 불임으로 만들며, 많은 사람에게 재액을 뿌리는 현실을 우리는 극심한 슬픔과 고통 속에서 듣고 있다.

우리가 사랑하는 아들들, 즉, 도미니크 수도회의 수도사와 신학 교수, 하인리히 크라머(Heinrich Kramer)와 야콥 스프랭거(Jacob Sprenger)는 교황의 서간에 따라서 해당 지방의 이단 심문관으로 파견되어 현재 해당 직책을 맡고 있다. 그런데도 해당 지역의 성직자와 관헌이 마녀의 죄의 중대함을 자각치 못하고 두 사람에게 충분한 협력을 하지 않아 그들이 원만하게 임무 수행을 하지 못하고 있다.

이에 우리는 그들 심문관이 자유롭게 온갖 방법으로 어떠한 사람이든 교화하고 투옥하고 처형할 권한을 지녀야 함을 명한다.'(로마 교황 인노첸시오 8세의 장문의 『교황 교서』 1484년 12월 5일자에서 발췌. 교황이 파견한 이단 심문관이 자유로우며 동시에 강력하게 마녀사냥을 실행할 수 있도록 각지의 주교에게 협력을 명한 것. 72페이지 참조)

'근처 국가들을 둘러본 것만으로도 모든 국가가 그 꺼림칙한 마녀의 비참한 독에 감염되어 있음을 알 수 있었습니다. 독일에서는 마녀를 태우는 데 사용할 화형 기둥을 세우는 데 무척 분주한 상황입니다. 스위스에서는 마녀 때문에 전멸한 마을이 많습니다. 로렌(프랑스 동북부)을 여행하는 자는 마녀를 묶어놓기 위한 몇천 개의 형벌용 형가(形架)를 목격할 것입니다. 우리 부르고뉴 지방(프랑스 중동부)도 예외는 아니며 마녀 처형이 일상이 된 지역이 많습니다. 사부아(프랑스 남동부)도 이 악성 유행병을 피하지 못하였습니다. 매일매일 이 나라에서 부르고뉴 지방으로 보내는 마녀의 수는 헤아릴 수 없을 정도이며, 애당초 우리가 이 지역에서 태운 마녀는 사부아에서 온 마녀였습니다. 프란시아(파리 주변 지방)는 어떨까요? 샤를 9세의 시대(1550~1574년)에 트로아 제셀(당시의 처형관)이 보고한 바와 같이 프란시아에서만도 30만 명의 마녀가 있었다는 것이 사실이라면 프랑스 마녀가 일소된 상태라고 믿을 수 없습니다. 더 먼 나라에 대해서는 더 말할 것도 없을 것입니다. 아니, 어느 지역에나 수천수만의 마녀가 정원의 벌레처럼 지상에서 들끓고 있습니다.

만일 저희에게 한 조각의 양심이 있다면, 애당초 우리가 인간된 자라면, 이들 마녀를 처벌하지 않을 수 없는 것이 자연스러운 이치일 것입니다. 어느 로마 황제가 로마인 전부를 단 한 번 채찍을 휘두르는 것만으로 모조리 죽여버리고 싶다고 바란 것처럼, 저도 모든 마녀를 하나로 묶어 단 하나의 불로 한꺼번에 전부 태워 죽일 수 있다면 좋겠다고 생각합니다. ……이하에 논한 바는 과거 2년간 저 자신이 재판한 다수의 마녀에 대하여 제가 보고 듣고 또한 그들로부터 신상 정보를 이끌어내기 위하여 가능한 한 정성껏 조사한 재판에 근거한 것입니다.'(부르고뉴 생클로드 지방의 최고 재판관 앙리 보게의 『마녀론[An Examen of Witches]』 1602년 권두의 「헌사」와 「서문」에서 발췌)

'귀하께서 전에 이미 끝났다고 말씀하신 마녀 사건이 재차 발발하였습니다. 그 참상을 차마 말로 다 표현할 수가 없습니다. 실로 비참하고 무서운 일입니다. 맹렬한 기세로 고발을 받고 있으므로 언제 어느 날 체포될지 모르는 남녀가 이 시에는 아직 400명이나 있습니다. 남자도 있고 여자도 있고, 신분이 높은 자도 있고 낮은 자도 있고, 성직자까지도 섞여 있습니다. 당 주교구의 영민 중에는 직무와 재능에 상관없이 처형되어야 할 자가 다수임은 확실합니다. 성직자, 최고 법원의 박학한 판사, 박사들, 시 공무원, 재판관 후보 등 대개는 귀하께서도 아는 자입니다. 법학생도 잡혀 들어왔습니다. 주교님 곁에 머지않아 성직자가 될 학생이 40명 넘게 있습니다만, 그 가운데 13~14명은 마녀라는 소문이 돌고 있습니다. 며칠 전에는 사원장 한 명이 체포되었고, 소환된 다른 사원장 두 명은 도망쳤습니다. 무척 학식 있는 당 종교법원의 공중인도 어제 체포되어 고문을 받았습니다. 한마디로 말씀드리자면 당 시민의 3분의 1이 사건에 관여되어 있음이 확실합니다. 누구보다도 유복하고 평판이 좋은 훌륭한 성직자들조차 이미 처형되었습니다. 여드레 전에는 열아홉 살 된 처녀가 화형에 처해졌습니다. 세간의 평판에 따르면 그 소녀는 시에서 가장 아름다우며 근래에 보기 드문 음전하고 순결한 처녀였다고 합니다.

앞으로 대략 일주일 동안에 더욱 훌륭한 사람들이 그 뒤를 이을 것입니다. 이 사람들은 새로운 상복을 몸에 두르고 태연자약하게 죽음에 임할 것입니다. 화형을 두려워하는 기색이 눈곱만큼도 없습니다. 이처럼 많은 사람이 화형에 처해지는 것은 그들이 신을 거부하고 악마 회합에 출석하였기 때문이며, 그 이외에는 아무런 죄도 범하지 않았습니다.

이 슬픈 사건에 대해서는 여기까지만 쓰고 펜을 내려놓겠습니다만, 마지막으로 악마와 교분을 맺은 3~4살짜리 유아가 300명이나 됩니다. 저는 7살 어린이와 10살, 12살, 14살, 15살의 용감한 학동이 사형에 처해지는 것을 목격하였습니다. 귀하께서 아시는 더 고귀한 사람들도 있을 것입니다. 하지만 이것이 진실이라고는 도저히 믿을 수 없을 것입니다. ……'(뷔르츠부르크[독일]의 주교[겸 영주] 소속 종교법 고문이 1629년 8월 베스트팔렌의 고귀한 지인에게 보낸 편지[뮌헨 도서관 소장]에서)

'천천히 타는 (마르지 않은 장작) 불로 태우더라도 마녀에게 내리는 벌로서는 충분치 않다. 지옥에서 기다리는 것은 영원한 겁화라고 생각하면 이 세상의 불은 마녀가 죽을 때까지 반 시간도 지속되지 않으므로. ……마녀를 화형에 처하지 않는 재판관은 본인이 화형에 처해져야 한다. ……마녀가 설령 어린아이라고 하더라도 용서하여서는 아니 된다. 단, 어린 나이를 참작하여 교살한 다음에 화형에 처해도 무방할 듯하다. ……정식 재판 절차에 구애될 필요는 없다. 이를 엄격하게 지키면 십만 명 중의 한 명의 마녀도 처벌할 수 없다. ……'(당시 프랑스의 일류 진보적 사회 사상가이자 정치가, 경제학자, 파리 고등 법원의 일원이던 장 보댕의 『악마 빙의[De la démonomanie des sorciers]』 1580년에서)

1600년을 중심으로 1세기 동안은 그야말로 '마녀 선풍'의 시기였다. 이 시기를 정점으로 마녀 선풍은 13세기 무렵 프랑스에서 일기 시작하여 이윽고 전 그리스도교 국가, 즉 서유럽 전역을 휩쓸었고 17세기 말에 그 여파를 신대륙 미국으로까지 뻗친 후 급속하게 진정되었다.

이리하여 수만, 수십만의 마녀가 교수형에 처해지거나 또는 교수형에 처해진 후 화형에 처해지거나, 산 채로 화형에 처해졌다. 때로는 몇십 명을 한 데 묶어 한 번에 화형에 처하기도 했다. '마녀 처형장은 빽빽하게 세워진 처형 기둥 때문에 마치 작은 숲처럼 보였다'라고 1590년에 독일을 여행한 여행자가 기록하였다. 제네바에서는 3개월 동안 500명(1513년), 트레브스(독일)에서는 7000명이 화형에 처해졌으며 그로 인해 마을 두 곳이 전멸하였고, 다른 마을 두 곳에는 여자 두 명만이 살아남았다(1580년대). 작센에서는 하루만에 133명(1589년), 알자스의 세인트알라만 마을에서는 일 년 동안 200명 이상(1596년), 라부르에서는 4개월 동안 600명(1609년), 스트라스부르에서는 5000명(1615~1655년), 뷔르츠부르크에서는 800

명, 밤베르크에서는 1500명……

이들 수치는 산재하는 잔존 기록 중에서 적당히 발췌한 일부에 지나지 않으며, 그 밖에 이탈리아, 스페인, 잉글랜드, 스코틀랜드, 폴란드에서도 마녀가 화형에 처해졌다. 마지막은 신대륙 뉴잉글랜드에 불똥이 튀어 일어난 '세일럼 마녀' 사건……

이 미신과 잔학한 마녀 선풍은 중세 전기의 암흑시대가 아니라 합리주의와 휴머니즘의 기치가 나부끼던 르네상스 전성기에 휘몰아쳤다는 것, 하물며 그 선풍의 최전선에서 이를 부추긴 사람들은 무지몽매한 시전의 백성이 아니라 역대 교황과 국왕, 귀족, 당대 일류의 대학자, 재판관, 문화인이었다는 것, 그리고 한 가지 더, 마녀는 먼 옛날부터 어느 세계에나 있었음에도 이처럼 교회와 국가, 그 외의 공적 권위와 권력이 전국적으로 수사망을 친 더 없이 조직적인 마녀재판에 의해 마녀사냥이 이루어진 것은 오로지 그리스도교 국가뿐이며, 또한 이 시기(1600년을 정점으로 전후 3~4세기 동안)로 한정된다는 것, ——이는 지극히 특징적인 사실이 아닐 수 없다.

마녀재판의 본질은 결국 이 '지역' 및 '시기'와 결부되어 있다.

연고를 바른 빗자루를 다리 사이에 끼고 마녀집회로 날아가려는 모습

제1장
평온했던 '옛 마녀'의 시대

1. 마녀의 역사

'마녀'의 역사는 인간의 역사만큼 길다. 이미 옛 석기시대의 동굴 벽화에서부터 그 모습이 관찰되며, 청동기 시대에 만들어진 덴마크의 '마녀 무덤'에서는 마녀가 쓴 다양한 주술용 소도구가 담긴 항아리가 발견되었다. 이와 같이 시작된 마녀의 역사는 인간이 살아온 모든 시대를 관통하며 오늘날에도 여전히 명맥을 유지하고 있다.(제프리 패린더는 '대부분의 아프리카인에게 있어서 마녀 문제는 생사와 관련된 [현재의] 문제였다'고 말한다. 『마법[Witchcraft]』, 1958년) 또 마녀에 얽힌 설화가 온갖 시대와 온갖 지역에서 공통적으로 전해 내려온다는 것도 특징적이다. 앞서 언급한 마녀 무덤에서 나온 주물(살쾡이의 발톱, 족제비의 뼈, 뱀의 척추 등)만 하더라도 이는 오늘날에도 약품과 부적으로 널리 사용되는 것이라고 민속학자들은 말한다.

마녀재판에서 재판관이 가장 중시한 '색마'(마녀와 성관계를 맺은 하급 악마. 여성 마녀와 관계하는 남색마[incubus]와 남성 마녀와 관계하는 여색마[succubus]의 두 종류가 있다)에 관한 미신 또한 고대 아시리아인과 바빌로니아인 그리고 갈리아인과 켈트족 사이에도 전해 내려오는 전설이다.

주술로 농작물을 고사시키고, 물을 마르게 하고, 과실을 썩게 하고, 제웅과 밀랍 인형을 바늘로 찔러 특정 인물을 병들게 하거나 죽음에 이르게 하고, 또는 자신이 미워하는 어느 결혼한 여성을 불임으로 만들거나 그녀의 남편을 성불구자로 만들고, 하늘을 날아 마녀집회(sabbat)에 출석하는 등 마녀재판에서 끊임없이 추궁한 온갖 마녀 행위에 관한 미신은 아득히 먼 고대 인도와 이집트, 그리스와 로마에도 퍼져 있었다고 한다.

마녀의 역사를 상세하게 거슬러 올라가면 이는 인류학적이며 민속학적인 긴 이야기가 된다. 또 기술과 과학 역사와도 관련된다. 마녀는 그 역사의 최종 단계——중세 후기——에서 고급 과학자와 저급 마법사로 나뉘었는데, 그 시기의 과학자(근대 과학의 선구자)들은 종종 마녀로서 규탄을 받았다. 하지만 다행히 우리의 마녀재판 역사에서는 그러한 긴 역사를 상세하게 파악할 필요는 없다. 그 연유는 뒤에서 상세하게 밝히겠다.

좌우간 중세 그리스도교 국가는 이와 같은 다양한 마녀 미신이 고인 웅덩이였다. 이 웅덩이에서 중세 후기의 일반 대중 사이로 하나의 전승적인 마녀 상이 떠올랐다. 그 마녀는 예외 없이 여자였다. 그것도 늙고 추악한 노파였다.

'나이를 먹고 늙고 마른 노파. 턱에는 힘이 들어가지 않고, 무릎은 구부러졌으며, 활처럼 구부러진 모습으로 지팡이에 의지하여 걷는다. 눈은 쑥 들어가고, 치아는 빠지고, 얼굴 주름은 깊으며, 손발은 중풍으로 떨리고, 뭐라고 중얼중얼 웅얼거리며 거리를 걷는다. 주기도문은 잊었어도 악담을 퍼붓는 심술궂은 혀는 아직 잃지 않았다. ……'(하스네트, 『가톨릭교의 기만』, 1603년)

또는 '마녀는 마을 사람 모두한테도 멀리 떨어져서 혼자 쓸쓸하게 산다. 이는 자신이 하는 악마와 같은 소행을 마을 사람들에게 들키지 않기 위함이다. 이는 또한 자신이 시기하는 자한테 멀리서 몰래 위해를 가하기 위함이기도 하다.'(에드먼드 스펜서 『페어리 퀸[The Faerie Queene]』, 1596년)

고독하고 추악하고 사악한 노파. ——찬바람이 휘몰아치는 겨울밤에 화롯가에서 할머니와 할아버지한테서 수도 없이 들은 마녀 이야기가 어린아이의 마음의 망막에 맺은 마녀 상이 이것이다(하지만 앞서 인용한 뷔르츠부르크의 주교 고문관의 수기[8~9페이지]에서 관찰된 '마녀'는 이 전승적인 오래된 마녀 상과 상당히 다르다는 사실에 유의해주길 바란다).

2. 관대한 마녀 대책

평온했던 옛 마녀

예상대로 어느 시대에나 마녀는 사람들에게 미움을 받았고 두려움의 대상이 되었으며 때로는 지배자에게 탄압을 받았다. 마녀 탄압의 가장 오래된 사례는 기원전 1200년 이집트에서 찾아볼 수 있으며, 그리스에서는 데모스테네스 시대(기원전 4세기)에 마녀 한 명이 처형되었고, 로마에서는 네로 황제와 카라칼라 황제가 혹독하게 박해했으며, 그리스도교로 개종한 직후의 콘스탄티누스 황제(4세기)와 프랑크 왕국의 샤를마뉴(9세기)도 주술을 금하는 엄격한 법령을 발포한 바와 같이 마녀와 주술을 탄압하고 박해한 사례는 결코 드물지 않다.

하지만 여기에서 기억해야 할 것은 예를 들어 콘스탄티누스 황제가 앞서 말한 금지령을 내리고 2년 후에 '병을 치료하기 위하여 또는 우박과 눈으로부터 농작물을 보호하기 위하여 행하는 주술을 금하는 것은 황제가 바라는 바가 아니다'라고 포고한 사례를 통해서도 알 수 있듯이 마녀가 박해를 당한 것은 마녀라서가 아니라 마녀가 주술을 이용하여 사람을 죽이거나 농작물을 말려 죽이는 등의 악행을 저질러서였다. 병을 치료하고 작물을 보호하는 선행을 행하는 주술은 오히려 환영받았고 옹호되었다. 제왕과 귀족, 아니 성직자조차 종종 많은 마녀를 거느렸고 그들의 주술을 이용했다. 따라서 마녀에 대한 탄압과 박해는 마녀 자체에 대한 것이 아니라 마녀가 행하는 반사회적인 범죄에 대한 것이었다. 소위 형법 범죄 일반에 대한 탄압의 일부에 지나지 않았다.

또 그러한 마녀의 형사범적 행위의 적발과 처벌도 결코 조직적이 아니라 산발적, 때로는 자의적이기까지 했다(샤를마뉴 대제가 마녀를 사형으로 처벌하겠다는 엄격한 법령을 발포해놓고 후일에 마녀를 분살하는 것은 살인죄에 상당한다고 포고한 것 등이 그러한 일례이다).

이를 '선행을 행하여 이익을 가져왔다 하더라도 마녀는 악마와 결탁한 자이므로 살려두어서는 아니 된다'며 사형을 원칙으로 삼은 마녀재판 시대의 마녀관과 비교해보면 그 사이에 중대한 본질적인 변화가 일어났음을 추정해볼 수 있다.

가톨릭교회의 관대한 태도

이 중대하며 본질적인 변화에 대해서는 뒤에서 설명하겠지만, 당시 서유럽 전역을 통괄적으로 지배하던 로마 가톨릭교회의 급격한 태도 변화에 의한 것이었는데, 그 교회 당국조차 선풍이 불기 이전에는 마녀에 대해 상당히 관대했으며 탄압도 지극히 미온적인 수준을 넘어서 오히려 온정적인 태도를 취했다는 사실에 주목해볼 만하다.

예를 들어 9세기 리옹(프랑스)의 대주교 아고바르는 본래부터 마녀 신앙에 회의적이었으나, 어느 날 마녀 혐의를 받은 남성 세 명과 여성 한 명이 민중이 던진 돌을 맞고 죽을 위기에 처하자 강인한 인내심으로 설득하여 집단 폭행으로부터 그들을 구해냈다.

프랑스의 제르베르는 중세 시대 과학 르네상스에 최초의 서광을 비춘 과학사에 획을 그은 인물이지만, 당시에는 주술사로서 유명했다. 하지만 그럼에도 불구하고 실베스테르 2세(999~1003년)라는 이름으로 로마 교황의 자리에까지 올랐다. '주술사'는 마녀재판 시대가 되면 '마녀'가 된다. 500년 후였다면 교황이 되기는커녕 화형에 처해졌을 것이다.

교황 그레고리오 7세는 1080년에 덴마크의 하랄 왕에게 편지를 써서 폭풍우와 질병, 그 밖의 재액을 수도승과 여성의 주술 탓으로 돌리는 악습을 냉정하게 비판하고, 이들 재액은 신의 뜻에 의한 것이며 그에 대한 보복을 죄 없는 자에게 하는 것은 오히려 신의 분노를 초래하는 일이라며 경계했을 정도로 관용적이었다.

그러나 주술과 요술(마녀의 주술)에 대한 신앙이 미약했던 것은 아니다. 마녀 신앙은 모든 지역의 모든 계층에 침투되어 있었다. 하지만 이에 대한 교회의 태도는 비교적 냉정했으며 탄압도 미온적이었다. 종종 각지에서 열리는 교회 회의에서도 마녀 행위는 언제나 탄핵되었다. 하지만 교회 회의가 규정하는 벌칙에는 통일성이 없었으며, 후일의 마녀재판 상황으로는 상상도 할 수 없는 온건한 처분으로 끝났다. 예를 들어 850년에 파비아(이탈리아) 교회 회의가 주술로 사람의 증오감을 유발하고 그 결과 많은 인간을 죽음으로 내몬 마녀에게 과하기로 규정한 벌은 '종생동안 참회하는 고업'에 지나지 않았다. 1189년에 루앙(프랑스) 교회 회의와 1212년에 파리 교회 회의도 주술사를 탄핵했지만 처벌 내용조차 정하지 않고 그저 '파문'될 우려가 있다고만 경고했다. 당시 '참회하는 고업'은 결코 간단한 것이 아니었고, 특히 '파문'의 경우에는 사회생활의 파멸을 뜻하기도 하는 중벌이었지만, 이윽고 도래할 마녀재판 시대의 예외 없는 잔학형에 비하면 그때까지 교회의 태도는 그야말로 냉정하고 관용적이었다고 할 수 있다.

『주교 법령집』의 합리성

이러한 교회 측의 관대함을 구체적으로 보여주는 또 다른 사례로 『주교 법령집(Capitulum episcopi)』을 들 수 있다. 이 법령집의 성립 과정에 관해서는 여러 설이 있지만, 좌우간 여기에 담긴 견해는

10세기 이후 교회 측의 권위 있는 견해로 인정되었고 12세기에는 교회법에도 채용되었다.

이『주교 법령집』의 견해를 요약하면, 밤의 어둠을 틈타 짐승을 타고 하늘을 날아 멀리 떨어진 곳으로 이동하여 마녀집회에 참석한다는 이야기 등을 많은 사람이 믿는 것은 '올바른 신앙에서 일탈하여 이교도의 잘못된 언동에 휩쓸리는 짓'이다. '따라서 성직자는 이 마녀 행위는 온갖 의미에서 허위이며 악마가 신앙심 없는 자의 마음에 심은 환상임을 교회를 통하여 있는 힘껏 사람들에게 설파하여야 한다.' 이러한 것을 마녀 자신이 믿는다면 이는 꿈을 현실이라고 착각하고 있는 것이다. '눈 뜨고 있을 때 본 적 없는 여러 가지 현상을 잠들어 있을 때 꿈속에서 보는 것은 지극히 평범한 일이다.' '정신세계에서만 일어날 수 있는 여러 가지 일이 육체에도 일어난다고 생각하는 것은 어리석은 짓이다.' '그러한 망상을 현실이라고 믿는 자는 신에 대한 신앙을 잃은 자이며, 신에 대한 올바른 신앙을 잃은 자는 신이 아니라 악마에 속한다.' ……이것이『주교 법령집』의──따라서 적어도 12세기 무렵까지 교회 측의──정통적인 견해였다. 이를 '마녀의 실재를 부정하는 것은 성서를 부정하는 것이다'라고 언명하기에 이른 마녀 선풍 시대의 교회 측의 통념과 비교하면『주교 법령집』의 견해가 유난히 합리적으로 보인다.

성서와 마녀

애당초 성서 자체가 마녀를 거의 문제시하지 않는다는 것을 생각해보면 이 합리적인 견해도 결코 이상하게 여겨지지 않는다. 성서에서 마녀에 대해 언급한 부분은 구약성서에는 극히 소수이며, 신약성서에 이르러서는 전무에 가깝다. 구약의 '마녀를 살려두어서는 아니 된다'(『출애굽기』 22:18)라는 모세의 말을 후일에 마녀재판관들이 소리 높여 인용함으로써(특히 17세기 중반에 마녀 선풍을 선동함으로써 '마녀 색출 대장'이라고까지 불린 매튜 홉킨슨이 자신의 저서 『마녀의 발견[The Discovery of Witches]』의 속표지에 이 성구를 게재한 탓에 더욱) 유명해졌고, 마녀 박해를 정당화할 근거가 되었지만, 이 성구의 '마녀'(흠정 영역 성서에서는 witch라고 번역)를 마녀재판 시대의 '마녀'라는 개념과 동일하게 받아들일 근거는 무척 희박하다. 월터 스콧은 『악마론과 마법에 관한 서간(Letters on Demonology and Witchcraft)』(1830년)에서 「서간 제2」의 대부분을 이 문제에 할애했는데, 이에 따르면 구약성서에 적힌 본래 단어인 히브리어의 chasaph(또는 kashaph)는 '독살하는 자'라는 의미이고, 모세의 율법에서는 후세(마녀재판 시대)와 같은 '마녀와 악마의 계약'은 관찰되지 않으며, '적어도 이와 같은 방식(악마와의 결탁)이 존재하였음을 우리에게 믿게 할 만한 말은 성서(구약)에서 단 한 번도 나오지 않는다'고 말했다.

또 현대의 어떤 사상가는 구약성서의 어떤 성구가 마녀사냥을 정당화하는 근거가 될 수 없음을 다른 관점에서 주장하며 '히브리인은 마녀를 오히려 공인했을 정도이므로 모세의 명령은 특별한 사정에 의한 예외적인 것으로 보아야 마땅하다'고 피력했다. (이안 퍼거슨 『마법의 철학[The Philosophy of Witchcraft]』, 1924년)

좌우간 이상의 내용을 통해 분명하게 알 수 있는 것은 마녀는 12~13세기 무렵까지는 신변의 위협을 받지 않았다고 결론지을 수 있다는 것이다.

그런데 1300년을 기점으로 사태는 일변한다. 마녀에 대한 교회의 태도가 갑자기 강경해진 것이다. 마녀의 역사는 이 시기에 평온했던 고대 마녀 시대에 종말을 고하고 불안하게 요동치는 시대로 돌입했는데, 그 전환기가 된 것이 '새로운 마녀'의 대량 출현이었다.

이 전환기에 관한 이야기는 마녀재판의 성립 역사에 관한 이야기가 된다. 이 이야기를 하기 위해서는 다소 긴 서론, 즉 마녀재판의 모태가 된 이단 심문 제도의 성립부터 이야기해야 하는데, 이것이 성립되도록 촉발한 것은 12세기 남프랑스에서 발발한 대규모 이단 운동과 이것이 로마 가톨릭교회에 준 충격, 즉 '신의 나라'가 붕괴될지도 모른다는 위기였다.

토르케마다 『이단 심문 교본』의 표제지

제2장
험악한 '새로운 마녀'의 시대

1. 로마 가톨릭교회와 이단 운동

중세 그리스도교 국가에서 로마 가톨릭교회의 지위

그리스도교의 이단 역사는 그리스도교회의 성립과 마찬가지로 오래되었으며, 초기 교회의 교부와 교회 회의도 종종 이단자 대책에 관해 의견을 표명하고 규정을 정했다. 이 장에서 다룰 역사적인 '이단 심문'도 그 싹은 이미 몇 세기 전부터 움트고 있었다.

하지만 중세 전기까지 교회는 이단 및 이단자에게 관용적이며 합리적이었다고 할 수 있다. 열렬한 그리스도교 호교론자 락탄티우스(3~4세기)조차 다음과 같이 말했을 정도였다.

'오로지 종교 안에서만 자유는 그 진정한 장소를 가진다. ······ 그 어떤 자에게도 그자가 숭배하고자 하지 않는 것을 숭배하라고 요구할 수는 없다', '우리는 그리스도교를 지켜야만 한다. 타인을 죽임으로써가 아니라 우리 자신이 죽음으로써. ······만약 그대들이 피와 고문과 악행으로 그리스도교를 지킨다고 생각한다면 그것은 이미 그리스도교를 지키는 것이 아니라 그것을 더럽히고 해하는 것이다.'(『신학체계[Divinae Institutiones]』)

이 얼마나 아름다운 말인가! 이 호교론자가 예외적이었던 것이 아니다. 동일한 말을 여타 교부들한테서도 들을 수 있다.

하지만 교회의 이러한 관용은 점차 상실되었고, 12세기 말 무렵이 되자 갑자기 태도가 역전되었다. 13세기에 들어서자 이단자 처벌 방식은 화형이 통상적인 형태가 되었고, 교황의 허가하에 심문할 때도 고문이 이루어졌다.

교회의 이와 같이 급격한 태도 변화는 12세기에 발발한 급진적인 대규모 이단 운동이 교회 당국에 준 심각한 충격과 위기감에서 발생했다. 그 심각성을 이해하기 위해서는 당시의 로마 가톨릭교회가 서유럽 전역에서 점하고 있던 지위와 역할을 살펴볼 필요가 있다.

'가톨릭'이라는 말은 '보편적' 즉 '세계적'이라는 의미이다. 따라서 '가톨릭교회'는 '세계 교회', 즉 사도 바오로의 '유대인이나 그리스인이나⋯⋯(중략)⋯⋯예수 그리스도 안에서 모두 하나이니라'(갈라디아서 3:28)라는 말을 구현한 『세계에 하나뿐인 성스러운 교회』(1302년, 보니파시오 교황의 교서)이다.

지상에서 세계 교회란 모든 사람을 궁극적 목적지인 영원한 '신의 나라'로 인도하기 위한, 소위 엄격한 교육의 장이었다. 그러므로 모든 사람은 설령 왕후귀족이라 하더라도 이곳에서 교육받는 순종적인 학생이어야 한다.

이 세계 교회의 주권자는 로마 교황이고, 로마 교황청은 이 세계 교회의 중앙 정부이며, 그곳에는 각료로서 추기경 및 이하 각종 관리가 있고, 세계 각지에는 주교가 있으며 또 교황 사절이 대사로서 파견된다. 종교상의 의식과 규칙은 물론이고 법률, 재정, 학문, 예술 등⋯⋯ 온갖 문화가 로마 교회의 통치 정책에 의해 지배되었다. 중세 유럽은 소위 교황을 군주로 하는 '세계 국가'였으며 교황청은 '세계 정부'였다. 이 세계 국가에 군림하며 그 질서를 유지하는 로마 교황의 책임은 막중했다. 이 책임을 완벽하게 수행하기 위해 필요한 것은 교황의 절대 권력이었다. 이 절대 권력을 위에서 아래로, 피라미드의 정점에서부터 저변까지 미치도록 하기 위한 조직이 엄격한 '위계 제도(히에라르키)'를 중축으로 하는 교권 정치였다.

공정성을 기하기 위해 사족을 달자면 이와 같은 교권 정치 기구가 생겨난 것은 가톨릭교회의 독선적인 야망을 실현하기 위함이 아니었다. 서로마제국이 멸망한 직후, 서유럽의 어둠이 더욱 짙었던 암흑시대에 어둠을 밝힐 단 하나의 문화의 빛이 가톨릭교회였고 그 문화 활동이었다. 서유럽 전역에 군웅할거 하던 게르만 야만족을 교화하고 지도하여 중세 문화를 건설한 것이 가톨릭교회였다. 프랑크 왕 샤를마뉴의 궁정에서 교육 지도를 한 알쿠인(8~9세기)이 '새로운 아테네! 그리스도로 한층 위대한 아테네를!'이라고 환희한 '초기 르네상스'의 실현을 생각하면 가톨릭교회의 문화적 공적이 얼마나 컸는지를 이해할 수 있다. 가톨릭교회가 전 그리스도교 국가의 성속 양계(聖俗兩界)의 감독자이자 지도자가 된 것은 역사적으로 보았을 때 필연적인 귀결이었다. 동시에 가톨릭교회가 활동 영역을 영적 세계에만 국한시키지 않고 세속 세계의 지배권까지 유지하는 것을 이상으로 삼은 것 또한 당연한 일이다.

이러한 이상은 교황권이 최고로 강했던 교황 인노첸시오 3세(1198~1216년 재위)의 지휘하에서 더욱 잘 실현되었다. 하지만 남프랑스의 이단 운동 격화로 로마 교회가 공황 상태에 내던져진 것 또한 이 교황 시대였다는 것이 참으로 아이러니한 점이다.

이 아이러니한 일치는 결코 우연이 아니었다. 이단 운동이 일어난 원인이 다름 아닌 강력한 교황의 권력과 이를 뒷받침한 성직자의 독선적인 우월성에 있었기 때문이다. "성직자의 권위가 세속의 권력보다 우월한 것은 마치 영혼이 육체보다 우월한 것과 같다. ……그리스도의 대리자인 교황은 어떤 사람도 재판할 수 있고 동시에 어떤 사람에게도 재판받지 아니한다"고 인노첸시오 교황은 선언했다. 어떤 주교는 "왕후의 권력은 교회에서 나온다. 고로 왕후는 성직자의 하인이다"라고 말했다. 또 어떤 주교는 이렇게도 말했다. "최하위의 성직자라 하더라도 왕보다 우월하다. 제후와 그 인민은 성직자의 신하이다. 이는 빛나는 태양과 달의 관계와 같다."

성직자 특유의 숭고한 사명감이 그들의 우월감을 뒷받침해주었다. 그리스도가 계시한 진리를 가르치고 구원의 은총을 나누어주고 모든 어린양을 영원한 '신의 나라'로 이끄는 목자. 이러한 목자의 지고한 사명을 다할 수 있는 자는 성직자밖에 없지 아니한가…….

성직자의 타락

그런데 그 무렵에 성직자들은 부패와 타락의 밑바닥에 빠져 있었다. 면죄부 매매는 상식이 되었고, 영혼의 구제는 금전적 거래에 의해 이루어졌으며, 성찬과 사자를 위한 기도, 임종 희사, 그 밖의 온갖 의식은 그 본질을 잃고 형해화되었다. 성직 매매는 일상 다반사가 되었고, 성직자는 정부를 두었으며, 참회실은 여자를 유혹하는 밀실이었고, 수녀원은 매춘 공간이 되었다…….

이 혼탁한 공기를 정화하기 위해 결성된 몇몇 수도단도 규모가 커짐에 따라서 즉시 교회와 같은 상태로 빠져버렸다.

하물며 또한 '인간 구제'의 사명은 그 어떤 것보다 우월하다. 이단 공격론을 쓴 어느 박학한 호교론자는 성직자의 타락을 변호하며 단호하게 다음과 같이 거리낌 없이 말했다. "그것이 뭐 어떻다는 것인가! 타락하였어도 성직자는 성직자다. 이스가리옷 유다(은화 30장에 그리스도를 적에게 팔아넘긴 열두 사도 중의 한 사람)는 비록 청정한가 하는 측면에서는 뒤떨어지지만, 사도이기 때문에 나타나엘(그리스도의 제자)보다 우월하다!"

성직자에게 있어서 저세상에 대비한 '인간 구제'라는 제1원칙 앞에서 이 세상의 도덕은 문제가 되지 않았다. 앞서 추상적으로 묘사한 가톨릭적 '세계 국가'의 장대한 이념이 구현된 것도 이처럼 타락한 형태에서였다. 교회에 대한 비판과 개혁의 움직임이 생겨난 것은 지극히 당연한 일이었다. 인노첸시오 교황 본인이 "인민이 퇴폐한 주원인은 성직자이다. 신앙은 죽고, 종교는 손상되었으며, 이단자가 증가하는 것 또한 이 때문이다"라며 라테라노공의회에서 분명하게 이를 인정했다. 이에 선구적인 종교 개혁자——교회의 눈에는 '이단자'——무리가 12세기에 남프랑스를 중심으로 들고 일어났다.

알비파의 혁신 운동

12세기 남프랑스는 유럽에서 가장 문화적인 지역이었다. 이곳에서는 유럽의 어느 지역보다도 많은 종파가 평화롭게 공존했고 자유로운 공기가 흘렀다. 남프랑스 이외에는 유대인이 공직을 맡고 집회의 자유가 있는 지역을 찾아낼 수 없을 것이다. 툴루즈의 레몽 백작과 같은 영주들도 이러한 영민의 자유주의에 만족했고 그 사상에 간섭하려 하지 않았다. 이와 같은 자유로운 분위기는 로마 교회의 부패를 공격하고 개혁해야 한다고 주장하는 목소리가 나오기에 그야말로 적합했다. 12세기 초반 무렵부터 알비와 툴루즈의 마을들에서 혁신가들이 목소리를 내기 시작했다. 그들은 로마 교회의 형해화된 모든 의식을 부정했다. 그리스도의 인성, 화체설, 어린아이의 세례 등에 관한 교리를 부정했다. 교회는 불필요하며, 파괴해야 마땅하며, 기도할 때 장소는 중요치 않다. 교회당이든 술집이든 마구간이든 어디에 있든 상관없다. '하나님 교회'는 건물 안이 아니라 신도들의 교제 속에 있다……고 그들은 주장했다. 십자가는 그리스도를 학살한 도구이며 태워버려야 한다고까지 주장했다. 그리고 실제로 여기저기에서 그로모은 십자가를 산처럼 쌓고 재로 만들기도 했다. 특히 성찬 부정에 이르러서는 가톨릭교회 입장에서 이단의 극치라고 할 만한 지경에 이르렀다. 그들은 성직자를 경외하는 것을 그만두고 교회 유지세 납부를 거부했다. ……이것이 알비파로 총칭되는 혁신가들의 주장이고 태도였다.

'리용의 빈민'의 개혁 설교 운동

이단자는 알비파뿐만이 아니었다. 리용의 부유한 상인 피터 발도(1140경~1197년)는 인생의 무상함을 느끼고 회심하여 전 재산을 내팽개치고 가족과 연을 끊고 성서의 복음을 전하기 위해 여행에 나섰다. '리용의 빈민'이라 불리는 집단의 개혁적 설교 운동이 이로부터 급속하게 확대되어 나갔다.

교육받은 적 없는 발도는 신약성서와 교부의 서를 통속어 번역본으로 제작해달라고 의뢰하여 읽었다. 그리고 그가 발견한 것은 그리스도가 바란 것과 같은 순수한 '사도적' 생활은 가톨릭 세계의 그 어디에서도 찾아볼 수 없다는 사실이었다. 그리스도가 명한 것들을 일상생활의 지도 원리로서 엄격하게 지키자는 발도파의 복음주의와 성서주의──즉, 선구적 종교 개혁 운동은 이러한 사실의 발견에서부터 출발했다.

그들도 알비파와 마찬가지로 교황과 성직자에게 복종하길 거부했다. 설교는 성직자뿐 아니라 평신도 여성도 할 수 있다. 죽은 자에게 미사, 기도, 보시 등을 하는 의식은 무의미하며 연옥은 존재하지 않는다고 주장했다. 침상에서 하는 기도와 마구간에서 하는 기도도 교회에서 하는 기도와 동일하게 유효하며, 참회는 사제뿐 아니라 평신도도 들어줄 수 있다고 주장했다.

금욕과 사도적 청빈함의 본보기를 몸소 보이며 열심히 설교하는 그들이 가는 곳곳에서 그들의 주장에 공명하는 사람들이 급속하게 늘어났다. 그 기세는 남프랑스에서 남독일, 보헤미아, 북이탈리아, 스페인 등으로 퍼져나갔다.

발도파와 알비파는 교리가 서로 달라 서로를 이단시하며 자신이 야말로 올바른 가톨릭교도라고 생각했다. 하지만 앞서 언급한 주장을 통해 알 수 있듯이 로마 교회에 대한 비판과 개혁 정신에 있어서 양자의 입장은 완전히 일치했다. 교리가 어떻게 다르든 양자의 운동을 대담하게 추진시킨 원동력은 원시 그리스도교적인 순수하고 결벽한 윤리감이었다. 후일에 이들 이단자를 토벌하는 측에 섰던 이단 심문관은 발도파의 도덕적 아름다움을 칭송하며 다음과 같이 말했다.

"이단자들은 그들이 입은 복장과 말투로 알 수 있다. 그들은 겸손하고 절도가 있다. 또한 위선을 하지 않기 위해 장사에 손을 대지 않고, 직공으로 노동하며 생계를 꾸리고, 부를 축적하지 않고, 최소한의 생활로 만족한다. 그들은 결벽하며 고기를 먹지 않고 술을 마시지 않는다. 쉼 없이 일하고, 쉼 없이 가르치며, 쉼 없이 배운다. 그래서 그들은 기도할 여유가 별로 없다."

개혁 운동 억압의 움직임

12세기 후반 남프랑스는 이러한 이단자의 합류점이었다. 특히 툴루즈 지방은 시민 대부분이 이러한 이단자였으며, 무사와 귀족은 그들의 비호자였다. 영주는 그들에게 관용적이었다. 가령 이단적 사상을 두려워한다고 하더라도 영주민의 태반을 토벌하는 짓을 할 수 있을 리 없다. 한편 로마 교회의 위신이 땅에 떨어지는 지역에서는 이단 탄압의 임무를 맡은 주교로서도 지배력을 발휘할 수 없었다.

1147년에 이단자를 개종시켜야 한다는 사명감으로 불타 교황 사절과 함께 현지로 간 성 베르나르는 광대한 툴루즈 백작 영지 내의 절망적인 상황에 대해 다음과 같이 묘사했다. '교회에는 사람이 없고, 사람 중에는 사제가 없고, 사제에게는 위신이 없고, 그리스도교 신자에게는 그리스도가 없다. ……일찍이 전 세계의 백성을 그리스도교 교회로 불러들인 사도와 예언자의 목소리는 이단자 단 한 명의 목소리에 의해 침묵 당하였다'——아벨라르와 대결하여 그의 이단설을 보란 듯이 논파한 성 베르나르의 학식과 웅변 실력과 명성과 인망을 가지고도 남프랑스의 이단자를 개종시킬 수는 없었다. 오히려 모욕받고 방해만 당했다.

이단 탄압의 십자군 결성

이윽고 '가장 위대한 교황'으로 불린 인노첸시오 3세가 교황의 자리에 올랐다(1198년). 그는 이단자를 박멸하기 위해 적극적으로 나서기로 결심했다. 먼저 첫 번째로 전도사를 남프랑스로 파견했다. 그중에는 젊은 스페인인 수도사도 있었다. 그는 맨발에 허름한 옷을 입고 이단자 사이로 뛰어들어 불을 뿜듯이 열변하며 개종하라며 설교했다. 이 수도사는 후일에 이단 심문관 양성소가 된 도미니크 수도회를 만든 성 도미니크이다.

 하지만 그의 열의로도 사태를 호전시킬 수는 없었다. 호전되기는커녕 툴루즈에 파견된 교황 사절이 론강 부근의 여관에서 사살되는 사건까지 일어났다(1208년 1월). 이것이 로마 교황과 가톨릭 신앙에 대한 더할 나위 없는 모욕과 최종적인 도전으로 받아들여진 것은 자연스러운 흐름이었을 것이다. 이듬해에 인노첸시오는 결국 이단 토벌 군대를 결성했다. 흔히 '알비 십자군'이라고 부르는 바로 그 군대이다.

'알비 십자군' 전쟁

 남프랑스와 대립하던 북프랑스의 기사들이 이 '성전'에 대거 참가했다. 단속적으로 20년간 지속된 처참하기 그지없는 사상 탄압 전쟁이 이리하여 시작되었다. 인노첸시오는 단순한 광신자가 아니었다. 그는 이단에 대한 그리스도교도의 공분을 북돋우는 한편, 십자군 군사의 사적 욕망에 호소하기 위해 이단자의 영지와 재산을 토벌한 자에게 사적 재산으로 제공하겠다는 취지를 발표하는 정책도 잊지 않고 펼친 정치인이기도 했다.

 제4차 십자군 원정에 참가하여 콘스탄티노플을 정복하고 막 돌아온 시몽 드 몽포르를 총사령관으로 해서 알비 십자군은 남프랑스로 진격했다. 카르카손, 베지에, 툴루즈, 그 밖의 마을이 차례로 함락되었다. 대량 학살이 도처에서 자행되었다. 인구가 3만 명이던 베지에서는 노인과 어린이, 남성과 여성 2만 명이 학살되었다.

알비 십자군이 계기가 되어 이윽고 생겨난 '이단 심문 제도'가 가진 잔학성과 탐욕성과 기만적 궤변을 예고하는 듯한 두세 개의 에피소드를 덧붙여 소개하는 것이 결코 무의미하지 않을 듯하다.

(하나) 베지에 마을에는 정통적인 가톨릭교도가 적잖이 있었다. 이 충실한 신도와 이교도를 어떻게 분간하면 되겠느냐고 기사가 묻자 시토 수도원장 아르노 아말릭은 딱 잘라 대답했다. "모조리 죽여라! 그 판단은 저세상에서 하나님께서 하실 것이다."

(둘) 카스트르 마을 전투가 끝났을 때 이단자 한 명이 개종 의사를 밝혔다. 사령관 몽포르는 말했다. "그 개종 서약이 진실이라 해도 여태까지의 이단죄로 처형되어야 한다. 만일 그 개종 서약이 거짓이라면 위증죄로 처형되어야 한다. 저 남자를 죽여라!"

(셋) 라볼의 성이 함락되었을 때는 성주와 가신 약 80명이 체포되었다. 다음 전투가 코앞으로 다가와 서두르던 몽포르는 교수대 한 대로 모조리 처형하려 했다. 그 한 대도 즉석에서 제작한 불완전한 것이어서 성주 한 명을 교수형에 처한 것만으로 버팀목이 부러지고 말았다. 이에 80명의 가신은 그 자리에서 목을 베었다.

(넷) 성주의 여동생은 이단 사상을 가진 것으로 유명했다. 십

자군 군사는 그녀를 우물 속에 던져넣었다. 그리고 손에 잡히는 대로 돌을 주워 던져 돌무더기에 짓눌려 죽게 했다.

(다섯) 약탈은 도처에서 벌어졌다. 유복한 이단자는 특히 공격의 타깃이 되었다. 베지에와 카르카손이 함락되었을 때 그 영지와 재산과 보물은 세 명의 정복자(부르고뉴 후작, 느베르 백작, 생폴 백작)에게 분배되게 되었다. 하지만 세 사람은 거절했다. 아무리 그래도 동포의 개인 재산을 착복하기는 부끄러웠기 때문이다. 하지만 총사령관 몽포르는 부끄럽게 여기지 않았다. 그는 즉시 그 땅의 영주 호칭을 자신에게 부여했다.

함락과 탈환이 반복되었고 전쟁은 지루하게 이어졌다. 그 사이에 툴루즈의 영주 레몽 6세는 카르카손의 감옥에서 죽었고, 인노첸시오 교황도 전쟁의 형세를 끝까지 지켜보지 못한 채 세상을 떠났다. 몽포르는 탈환된 툴루즈의 성벽 밑에서 갑자기 요새 위에서 비처럼 쏟아져 내린 돌을 맞고 낙마하여 절명했다고 전해진다.

하지만 결국 이단자는 거의 전멸되었고 남프랑스의 문화도 사라졌다. 알비 십자군의 직접적인 목표는 알비파 이단자의 박멸이었지만 남프랑스의 발도파도 운명을 함께 했고, 일부는 피드몬트(이탈리아 북부)의 산속으로 달아났다.

알비 십자군은 1229년에 해산했다. 하지만 이 십자군에서 '이단심문'이라는 새로운 이름의 십자군이 탄생했다. 이는 알비 십자군과는 비교되지 않을 만큼 훨씬 대규모이고 훨씬 조직적이며 훨씬 잔학한 십자군이었다. 마녀재판은 이 새로운 십자군에서 태어난 중요한 일익 중의 하나였다. 마녀재판의 성립에 대해 이야기하기 위해서는 먼저 이단 심문 제도의 성립에 대해 이야기할 필요가 있다.

2. 이단 심문 제도의 성립과 발전

공황에 빠진 로마 교회

남프랑스의 영주와 영주민이 일으킨 이른바 국가 규모의 대규모 이단 운동은 20년에 걸친 처참한 전투로 일단 성공적으로 진압되었지만, 그렇다고 이단자가 근절된 것은 아니었다. 독일에도 스페인에도 이탈리아에도——교황의 코앞인 로마 시내에조차 이단자는 우글거렸고 널려 있었다. 로마 교회는 알비파의 봉기로 깊은 충격에 빠졌고, 시급하게 이단자의 적발 및 탄압을 강화할 필요성을 점점 더 절감했다. 동시에 교회 당국은 그때까지의 이단 대책에 결함이 있음을 반성했다.

이단에 대한 로마 교회의 관용적인 태도는 이 시기에 완전히 확 바뀌었다. 이 시대를 대표하는 대 신학자 토마스 아퀴나스의 말, '교회는 이단자를 죽음의 위험으로부터 구원할 필요는 없다'(『신학 대전[Summa Theologiae]』)를 앞서 인용한 락탄티우스의 말(24페이지)과 비교하여 보면 그사이에 얼마나 큰 변화가 있었는지를 알 수 있다.

그때까지 이단자를 찾아내 재판하는 임무와 권한은 각지의 주교에게 부여되어 있었다. 하지만 남프랑스에서 한 경험은 현지의 주교는 무력하며 이에 협력해야 하는 관헌과 영주는 의지가 되지 않는다는 사실을 교회 당국에 통감케 했다. 애당초 이단자의 적발과 탄압을 주교에게 기대했던 것부터가 무리였다. 모든 주교가 진지하게 이단을 추궁할 종교적 열의를 가지고 있지는 않았고, 이단자를 재판하는 데 필요한 신학적 소양도 부족했다. 게다가 주교는 그 주교구 내의 성속 양 방면의 잡무에 쫓겨 이단자 대책에 충분한 노력을 기울일 만큼의 여유가 없었고, 하물며——무엇보다 큰 결함으로서——그 지배권이 미치는 범위가 자신의 관구에 한정되어 있었다. 따라서 대규모적인, 소위 국제적이라고 할 법한 이단 운동에 대한 주교의 권한과 활동은 대단히 국한적일 수밖에 없었다. 특히 영주가 주교를 겸하는 경우에는 영내의 이단자가 자기 영민이고 가신이고 때로는 친구이기도 했다. 그러므로 이단 탄압을 주교에게 기대하는 것은 처음부터 무리였다고 할 수 있다.

따라서 유효하며 적절한 방책을 별도로 강구해야 했다. ——이것이 알비 십자군 종전 시에 교황의 자리에 오른 그레고리오 9세가 절실히 느낀 바였다.

교황 그레고리오의 이단 심문 제도 구상

이에 그레고리오가 한 구상은 이단자를 상대로 신학 논쟁을 벌이기에 충분한 학식이 있고, 하물며 이단자에게 비난받을 일 없는 고결한 인격을 겸비했으며, 무엇보다도 이단의 방지와 박멸에 종교적 열의를 지닌, 삼박자를 모두 갖춘 적격자를 선발한 후 그들에게 강력하며 광범위한 권한을 부여하여 관할상의 지역적 제약 없이 어느 곳의 주교든 지배하에 두고, 오로지 이단 박멸에만 전념할 수 있는 그러한 '전문적'이며 항구적인 이단 박멸 조직을 만드는 것이었다.

잔학과 부정과 탐욕과 기만과 위선과 현학······등 온갖 악덕을 행하고, 양심과 사상의 자유를 짓밟고, 수만, 수십만, 때에 따라서는 수백만의 인간을 학살함으로써 중세사에 처참한 그림자를 드리운 '이단 심문(inquisitio hereticae pravitatis)' 제도는 이러한 구상을 실현한 것이었다.

그레고리오 9세는 이와 같은 암흑재판 창시자답게 15년간(1227~1241년)의 치세를 제5차 십자군 원정의 예루살렘 파병으로 시작해서 이단자 추궁, 적발, 추방, 투옥, 화형으로 일관했고, 또 교황권 전성시대(11세기 말부터 약 200년간)를 유지한 교황 중의 한 사람이었다.

'주의 충직한 개', 도미니크 수도회의 수도사

교황은 이단 심문의 중대한 임무를 수행하기에 적합한 적격자를 먼저 선정했다. 그리고 '설교자 수도회'(일반적으로는 '도미니크 수도회')의 수도사에게 눈독을 들였다. 이 수도회는 창설자 성 도미니크의 종교적 열정을 이어받아서 이단자를 개종시킬 '설교자'가 되길 자처했다. 창설 초기의 수도단이 모두 그러했던 것처럼 당시 도미니크 수도회의 수도사는 철저하게 금욕적이며 청빈한 생활을 했고, 신학에 관한 학식이 풍부했으며, 무엇보다도 이단을 박멸하겠다는 열의로 불탔다. 그레고리오 교황의 요청을 그들은 말할 것도 없이 의욕을 불태우며 받아들였다.

이단 심문 제도 창설을 선언

1233년 4월 20일에 그레고리오는 두 통의 교서를 발포했다. 한 통은 프랑스의 대주교와 주교, 모든 고위 성직자에게 보내는 것이었다.

'……우리는 제군이 고난의 폭풍에 휩쓸려 압도적인 불안 속에서 숨도 쉬지 못하고 있는 현 상황을 고려하여 제군이 짊어지고 있는 무거운 짐을 반으로 나누어줌으로써 부담을 가볍게 해주는 것이 바람직하겠다고 판단하였다. 이에 프랑스 및 그 근접 지역의 이단자를 억압하기 위하여 설교자 수도회의 수도사를 파견하기로 결의하였다. 제군이 그들을 따뜻하게 맞이하여 호의적으로 대우하고, 그들이 해당 임무를 원만하게 수행할 수 있도록 모든 면에 있어서 호의와 조언과 원조를 아끼지 않을 것을 희망한다. ……'

또 다른 한 통은 「이단 심문관인 설교사 수도회의 수도원장 및 수도사에게 고함」이라는 제목의 교서였다.

'……제군이 설교를 행할 어떤 지역에서든 만일 성직자가 이 단자 옹호를 멈추지 않는다면 그들의 성직록을 영구히 정지시 키고 본인의 판단하에 그들을 재판할 권한을 제군에게 부여한 다. 필요한 경우에는 관헌의 원조를 요구하고 본인의 판단하에 반역자를 탄압하는 것을 허락한다. ……'

이러한 '이단 심문관(inquisitor)'은 교황 칙임의 위신을 부여받아 서 이단 추궁에 관한 한 교황 대리자로서 교황권의 직접적인 엄호 를 받았다. 또 주교의 권위와 지배권이 그 주교구에만 한정되었던 것과 달리 이단 심문관의 지배권은 주교와 관헌을 넘어서며 그리 스도교 국가의 '어떤 지역'에든 미칠 수 있다는 것이 교황의 공식 적인 선언에 의해 확정된 것이다.

이단자를 개종시키기 위해 교황이 수도회 등을 교황청에서 직 접 파견한 경우는 이전에도 종종 있었다. 교황 인노첸시오 3세가 1199년에 이탈리아의 비테르보 마을에 파견한 사례도 이러한 일 례이다. 따라서 그레고리오의 교서는 이 기정사실을 재확인한 것 에 지나지 않는다는 견해도 있다. 하지만 '조직적'인 이단 심문 제 도는 이 '재확인'을 기점으로 정식으로 발족되어 발전했다고 보는 것이 타당할 것이다. 터버빌(A.S. Turberville)이 말한 바와 같이 '이와 같은 제도의 기원을 어떤 개인과 어떤 연대에서 찾으려는 것이 부당하지 않다면, 이단 심문 제도의 기원을 그레고리오 9세와 1233년으로 귀착시켜도 될 듯하다.'(『스페인의 이단 심문[The Spanish Inquisition]』, 1932년)

또한 이단 심문관으로 도미니크 수도회의 수도사만 임명되었다고 곧잘 오해하는 경향이 있다. 이에 후세 사람들이 창설자 도미니크(Dominicus)를 광신적인 교황의 사냥개로 여겨 그의 이름을 비꼬아서 '주의 충직한 개(Domini Canes)'라고 부르는데, 이 점은 다소 가엽게 느껴진다. 도미니크는 이단 심문 제도가 성립되기 20년 전에 이미 죽었기 때문이다.

그레고리오가 이단 심문관으로 선택한 것은 도미니크 수도회 전체가 아니라 적합한 수도사 개개인이었다. 또 프란체스코회와 시토회 수도사도 선임되었고, 심문관 리스트에는 수도사뿐 아니라 교구 사제의 이름도 포함되어 있다. 하지만 도미니크 수도회의 수도사가 압도적으로 많은 것은 사실이다.

어느 수도회든 처음에는 부패한 교회의 창문으로 불어 들어오는 맑고 신선하고 청량한 바람이었다. 수도사야말로 교회 개혁 제일선의 전사가 될 듯했다. 하지만 한번 이단자 문제에 집중하자 그들은 개혁 문제를 잊고 광신적인 '주의 충직한 개'가 되었다. 타락한 수도사 같은 것은 이제 와서는 문제가 되지 않았다. 권위에 아첨하며 사리사욕을 채우는 교황청 소속 단체에 지나지 않았다.

이단 심문 조직의 발전

이리하여 발족된 이단 심문 제도는 이단 심문관이 각지로 진주함으로써 서유럽 전역으로 퍼져나갔고, 신대륙 멕시코, 페루(스페인령), 인도의 고아(포르투갈령)로까지 불이 번졌다.

특히 스페인에서는 국왕과 교회의 제휴하에 그때까지 있던 정부의 네 개의 성(省) 외에 이단 심문을 위한 검찰성이 특별히 설치되었다. 스페인의 주요 도시에는 항구적인 이단 심문소가 설치되었고, 모범적인 이단 심문 제도가 수립되었다. 카스티야와 아라곤의 양국을 병합하여 만든(1483년) '전 스페인 이단 심문 중앙 본부'의 초대 장관 토르케마다는 재직 기간 18년 동안 9만 명을 종신 금고형에 처하고 8천 명을 화형에 처했다고 전해지며, 그 가혹한 심문과 판결, 잔학한 처분과 처형, 특히 히틀러에 버금가는 유대인 대량 박해로 후대에 악명을 떨쳤다.

영국은 지리적으로 유럽 대륙과 떨어져 있어서 대륙의 이단 심문 제도가 거의 침투되지 않았다. 이단 심문관이 영국에서 활약한 것은 '신전 기사단' 박해 때뿐이었다(하지만 마녀재판은 스코틀랜드에서는 왕성하게 이루어졌고 잉글랜드에서도 자행되었지만, 잉글랜드에서는 마녀재판의 최대 무기인 고문이 국법으로 금지되어 있어서 대륙에 비해 박해 정도가 상당히 미약했다).

교황이 파견한 이단 심문관이 가장 정력적으로 활약한 곳은 프랑스, 독일, 이탈리아였다. 하지만 지방의 지배자를 뛰어넘는 권력을 가지고 교황청에서 진주하러 오는 심문관이 꼭 환영받지만

은 않은 경우도 당연히 종종 있었을 것이다. 때로는 다소 저항하기도 했다. 특히 교황령의 바로 옆에 있던 베네치아공화국의 저항이 특기할 만하다.

베네치아공화국의 저항

이 공화국에서는 오랫동안 총독, 원로원, 시민이 결속하여 교황이 파견하는 이단 심문관이 진주하는 것에 반대했다. 13세기 말에 정치적 타산으로 교황의 요구에 타협하여 심문관이 진주하는 것에 응했을 때도 당당하게 39개조의 유보 조건을 교황에게 내걸었다. 그 조건 중의 몇 가지를 소개하자면 다음과 같다.

제1조. 이단 심문관의 재판에는 반드시 원로원 의원 세 명을 보좌로서 참석시킬 것.

제15조. 이들 보좌는 이단 심문관이 당 공화국 이외의 법규를 재판에 적용시키지 못하도록 주의를 기울일 것.

제16조. 이단 심문관은 당 공화국 정부의 명령에 의하지 않고 또는 당 정부에 사전 통지 없이 재판하거나 또는 피고를 당국 외로 연행하지 않을 것.

제20조. 이단 심문관은 마녀에 관해서는 판결하지 않을 것.

제21조. 신성 모독죄에 대해서는 그 정신적 처벌은 이단 심문관이 하고, 육체적 처벌은 당국의 치안판사가 할 것.

제28조. 이단 심문관은 당 정부의 허가 없이 교황의 교서 또는
로마 이단 심문소의 법규를 발표하지 않을 것.

이는 그야말로 훌륭한 치안권의 주장이자 옹호였다. 교황이 대대로 이 수단 저 수단을 써가며 담판을 내려 했지만 베네치아는 끝내 이 조건을 양보하지 않았다. 양보하기는커녕 16세기 중반에는 이단 심문관의 활동이 지나치게 혹독한 것에 분노한 민중이 교황의 상(像)을 가두로 끌고 나오고, 심문관저로 난입하여 서류를 파기하고, 관저를 불태우고, 나아가 이단 심문소의 감옥을 부수고 죄수 전부를 풀어준 뒤 심문소를 파괴하는 사건까지 발생했다. 또 심문관이 브레시아 마을의 어느 마녀를 고문하여 자백을 받아낸 다음 재산을 몰수했다는 것을 알고 원로원은 해당 판결을 무효화하고 심문관을 로마로 송환시키기도 했다.

바로 옆의 밀라노에서 이단 심문 활동이 가혹하게 이루어진 것과 비교해보면 이는 로마 교회의 권위에 저항한 보기 드문 특례라고 할 수 있다. 이 공화국은 학문의 자유와 종교적 관용이 보장되어 서구 제국의 진보적 인물에게는 안전한 피난소였다. 조르다노 브루노와 갈릴레오 갈릴레이가 베네치아에서는 그 어떤 불안감도 없이 학문에 종사하다가 베네치아 밖으로 나가자마자 박해당한 사실과도 비교해볼 수 있다. 앞서 소개한 저항 이야기는 어두운 이단 심문 역사 중의 예외적인 밝은 한 구절이다.

암담한 심문 방법

이리하여 발족된 이단 심문 제도는 발족 당시의 유능한 이단 심문관들이 심문 방법을 확립함으로써 완성되었다.

그 방법을 요약하자면, 이단자 한 명을 멸하기 위해서라면 무고한 사람 천 명을 희생시키는 것도 불사하고, 피고에게 유리한 변호 기회는 완벽하게 박탈하며, 피고에게 불리한 증언에는 일체의 기회를 주고, 사람이 생각해낼 수 있는 온갖 고문으로 자백을 강요 또는 날조하고, 혐의는 처음부터 유죄 판결로 직결되며, 속죄 의무는 오체가 불타 없어진 후에도 남고, 일체의 심문 비용은 자신의 오체를 태운 장작 값까지 포함하여 재산이 몰수되는 것으로 변제……되는 식이었다.

이 방법은 그대로 마녀재판에도 적용되었는데, 이 방법을 확립하는 데 가장 많이 공헌한 지도적인 이단 심문관의 프로필을 소개함으로써 이단 심문의 지도적 정신을 엿보도록 하겠다.

베르나르 기(1261경~1331년) : 프랑스의 신학자이자 역사가이며, 도미니크 수도회의 수도사였다. 신학 및 역사에 관한 저술을 다수 남겼다. 1307년부터 1324년까지 남프랑스 툴루즈 지방에서 이단 심문관으로서 열정적으로 활동했고 남프랑스에서 꿈틀거리던 다수의 알비파 이단자를 박멸했다. 마녀사냥의 첫 스타트를 끊은(후술) 교황 요한 22세의 총애를 받으며 이단 심문 제도의 발전에 크게 공헌한 인물이다. 심문 역사에서 주목할 만한 그의 업적은 15

년간 심문관으로 활동하며 천여 명의 이단자를 단죄한 자신의 실제 경험과 그 이전의 약 백 년간에 걸친 선배들의 경험 기록을 집대성하여 『이단 심문의 실무(Practica Officii Inquisitionis Heretice Pravi-tatis)』(1323년. 1886년에 출간된 파리판의 경우 총 392페이지)라는 책으로 정리한 것이다. 이 서적은 이단자의 체포부터 판결에 이르기까지 재판 절차의 범례를 기록한 것으로 이단 각파의 교리와 성사 등의 특징을 설명하고 각 유파별로 적용한 특수한 심문 방법을 안내하고 있다. 최초의 이단 심문관용 체계적 교과서로 이단 심문 역사상에서 특필할 만하다. 이단 각파 중의 일파로서 마녀의 존재를 명문화했다는 점에서 마녀재판 역사에서 무척 중요한 의미를 지닌다.

해당 서적에는 그가 930명의 이단자에게 내린 판결 기록 397페이지가 부록으로 수록되어 있다. 남프랑스에는 알비 십자군이 토벌한 후에도 여전히 다수의 이단자가 우글거렸을 것으로 이 숫자로 미루어 추정된다. 그는 자신의 심문관 경험을 바탕으로 자백을 받아내는 데 고문이 얼마나 효과적인지를 강조했고, 이는 고문이 이단 심문 방법의 합리적 절차로서 고정화되는 전제가 되었다.

어느 때 툴루즈 지방의 고문이 잔악하여 살인과 다를 바 없다고 비판하는 항의를 받고 교황이 나서서 고문을 제한하는 규정을 제정하였다. 이때 이 규정에 강력하게 항의하고 이단 심문의 능률을 저해할 우려가 있다며 해당 규정의 개정을 요구한 사람이 다름 아닌 베르나르 기였다. 또 정규 재판 절차를 지키면 이단자를 재판하는 데 시간이 너무 오래 걸린다는 것을 증명해낸 사람도 그였다. 이단 박멸에 대한 그의 열의는 툴루즈의 성직자들 앞으로 보낸 그의 격려문(1309년 8월 10일자)에 잘 드러나 있다.

'하나님의 아들들이여, 마음을 단단히 먹으라. 그리스도의 병사들이여, 십자가의 적, 가톨릭 신앙의 진리와 순결을 부패시키는 자들 앞으로 우리와 함께 가자. 몸을 숨기고 어둠 속을 걷는 그들을 추격하여 찾아내는 즉시 체포할 것을 신의 이름으로 그대들에게 명한다. 그들을 체포하여 끌고 오는 자에게는 신이 영원한 상을 내리고 응분의 물질적인 보수를 내릴 것을 약속한다. 목자들이여, 그대들의 어린양을 늑대들이 빼앗아가지 않도록 경계하라. 충실한 열광자들이여, 신앙의 적들이 달아나지 못하도록 용감하게 싸워라. ……'

방황하는 영혼을 구제하겠다는 자비심보다 수상한 자를 일소하겠다는 적의가 더욱 커 보이는 이단 심문 정신의 전통이 여기에서 시작되었음을 알 수 있다. 기는 종종 대량 처형인 '죽음의 제전'(154페이지 참조)을 시행했다. 피고 중의 한 사람이 굶어 죽으려고 음식물을 거부한 적이 있는데, 쇠약해져 죽기 직전에 이른 것을 발견하자마자 기는 선례를 깨고 급하게 판결을 내렸고, 수고스러움을 감수해가며 그 한 사람을 위해 '죽음의 제전'을 특별히 개최하여 산 채로 태워죽였다.

하물며 그는 '자비심 깊은 사람'이었다. 과학사 연구의 권위자이

에이메리히의 『지침』 중의 한 페이지

자 성실한 휴머니스트 조지 사튼은 다음과 같이 말했다. '기의 저술은 올바른 신앙에 부수되는 무시무시한 정의의 부정과 왜곡을 우리에게 보여준다. 기는 많은 경험의 소유자이고 박식하고 정밀하며 하물며 양심적이고 자비심 깊은 사람이었다. 그만큼 이것(그 잔학성)이 더욱 인상적이다.'(『과학사 서설[Introduction to the history of science]』)

니콜라 에이메리히(1399년 사망): 스페인 도미니코 수도회의 수도사이며, 1356년에 아라곤 왕국의 이단 심문 장관이 되어 열정적으로 이단을 추궁한 것으로 유명하다. 그의 『이단 심문관 지침(Directorium Inquisitorum)』(1376년)은 기가 쓴 저술을 보고 자극받아서 쓴 것이라고 전해지는데, 기의 책보다 더욱 세밀하고 더욱 방대하다(1587년에 출간된 로마판의 경우 총 935페이지). 처음에는 자필 서적의 형

태로 유포되었지만, 1578년에 인쇄술 발명의 은혜를 입어 중판을
거듭하며 오랫동안 이단 심문관용 표준 교과서로 애용되었다.

　3부로 나누어진 이 책의 제2부 「이단론」에서는 마녀에 관해서도
서술하고 있지만 간단하다. 제3부 「심문 방법」에서는 고문에 관한
주의점이 무척 상세하게 적혀 있다.

　'심문관은 고문 준비가 진행되는 동안에도 피고로부터 자백을
받아내기 위해 애쓰라. 고문 담당자는 안절부절하며 피고를 알
몸으로 만들라. 단, 피고에게 그런 행위를 해야 해서 마음이 아
프고 슬프다는 듯한 태도를 취해야 한다. 피고가 알몸이 되면 심
문관은 한 번 더 자백을 촉구하라. 자백하면 살려주겠다고 약속
해도 좋다. ……고문은 사소한 것을 심문하는 것에서부터 시작
하라. 사소한 것은 자백하기 쉽기 때문이다. 그 자백을 발판 삼
아서 다음으로 넘어가라. 서기는 모든 문답을 기록하라. ……'

　20세기 영국의 최고 법원장 맥도넬은 '에이메리히가 이 『이단 심
문관 지침』에서 심문관에게 하는 조언과 훈계를 읽으면 근대의 반
대 심문 기술과 연구가 얼마나 유치하고 비과학적인지를 알 수 있
다'며 경탄했다. (『역사적 재판』, 1931년)

　에이메리히는 『이단 심문관 지침』에서 이단 심문소가 궁핍하다
며 한탄했다.

'요즘에는 고집스러운 이단자가 적어졌으며, 재범 이단자는 더욱 적고, 부유한 이단자는 거의 없어졌다. 이에 이단 심문을 통한 수입이 적어졌지만, 귀족들은 이 경비를 부담하고 싶어 하지 않는다. 심문소의 경비를 확보하기 위해서는 무언가 다른 방법을 강구해야 한다. ……그리스도 국가에서 이토록 훌륭하며 이토록 필요한 이단 심문소가 이토록 궁핍하다니 유감이다.'

이단자(마녀를 포함하여)한테서 몰수한 재산에 관계 당국이 얼마나 지대한 관심을 보였는지에 대해서는 뒤에서 언급하겠지만, '경비를 확보할 무언가 다른 방법'의 일부는 이윽고 마녀재판이 이어받았다.

토마스 데 토르케마다(1420경~1498년) : 스페인 도미니코 수도회의 수도사이자 세고비아 수도원장이었다. 1479년에 아라곤과 카스티야의 두 왕국이 병합한 후에는 스페인 전역을 지배한 '전 스페인 이단 심문 본부'의 초대 장관을 맡았다. 경건하며 가혹하고, 청렴하며 잔인했다. ──토르케마다는 그야말로 이단 심문관의 전형이었다. 그는 이단자를 대규모로 박해하여 스페인의 마드리드를 나치스의 아우슈비츠 방불케 했다(1960년경에 마드리드시에서 도로 개수 공사를 위해 지면을 팠을 때 지층 깊은 곳에서 넓은 면적에 걸쳐서 사람의 뼈와 머리카락의 퇴적이 발견되었다. 이는 처형된 이단자의 유해로 추정된다고 당시의 신문은 보도했다).

그의 성격을 말해주는 에피소드가 하나 있다.

1492년 3월 31일에 스페인 왕 페르난도 2세는 세례를 거부하는 전국의 유대인을 한 명도 남기지 않고 국외로 추방하는 칙령에 서명했다. 유대인은 퇴각하는 패군처럼 국외로 도망쳐 나갔다. 남아 있던 사람도 대부분은 아사했는데, 이때 '유대인에게 동정하는 것은 그리스도에 대한 죄이다!'라고 선언한 사람이 바로 토르케마다였다.

추방 직전에 유대인 대표는 페르난도 국왕에게 더컷 금화 3만 장을 지불하는 조건으로 추방을 해제해달라고 청원했다. 당시 10년에 걸친 이슬람 국가와의 전쟁을 끝낸 직후였던 스페인은 전쟁에서는 승리했지만 금화가 부족하여 궁핍한 상태였다. 금화 3만 장은 당시 스페인 왕에게 결코 적은 액수가 아니었다. 국왕은 이 거래에 응하려 했다.

이때 토르케마다는 국왕의 눈앞에서 늘 몸에 지니고 다니는 십자가를 높이 쳐들고 외쳤다.

"이스가리옷 유다는 은화 30장에 주님을 팔았습니다. 폐하께서는 지금 금화 3만 장에 주님을 팔려 하고 계십니다!" 이단 심문 장관은 그렇게 말하고 십자가를 탁상 위에 올려놓았다. "자! 주님께서는 여기에 계십니다. 파십시오. 하지만 이와 같은 꺼림칙한 거래에 제가 가담할 것이라고는 생각지 마십시오!" 토르케마다는 성큼성큼 걸어서 그 방을 빠져나갔고, 유대인 추방령은 실행되었다……

토르케마다 평전을 쓴 라파엘 사바티니는 그를 다음과 같이 묘사했다.

'저주 속에 있으면서도 굴하지 않고, 상찬에 의해 움직이지 않으며, 현세의 안락을 의연하게 멸시하고, 망설임 없이 자신을 신에게 바치는 그 자기 부정에 있어서 토르케마다는 어떤 사람보다도 숭고하였다. 동시에 그가 전력을 쏟은 현실적 과업은 더없이 무시무시하며 한탄스러운 비극이었다.'(『토르케마다와 스페인 이단 심문[Torquemada And The Spanish Inquisition]』, 1913년)

그는 심문 장관의 지위에 오르자마자 기존의 심문 규정을 더욱 엄격하게 개정하고, 이를 전 스페인의 이단 심문관과 서기 전원에게 통보했다. 이 통지를 28항목으로 편집한 것이 그 유명한 『이단 심문 교본』(1484년)이다(이듬해에 11항목이 추가되었고, 1498년에는 16항목으로 재편성되었다). 이는 전적으로 심문 방법에 관한 실질적인 지도서이며, 기와 에이메리히의 저술에 나오는 듯한 이단 논증 등에 관한 내용은 전혀 실려 있지 않다. 그래서 매수가 대단히 적다(1537년 그라나다판의 경우 총 48페이지). 하지만 에이메리히 이래의 가장 세련된 스페인 이단 심문 규정을, 국왕도 고개를 들지 못하게 한 토르케마다의 권위로 확립한 만큼, 이 『이단 심문 교본』은 중판을 거듭하며 전 그리스도교 국가에 보급되었고 모든 이단 심문관의 필독서가 되었다.

세속 재판에 끼친 영향

이 심문 방법은 이단 심문의 일부로서 당연히 마녀재판에 적용되었고, 따라서 이 방법에 관한 상세한 내용은 뒤에 나올 마녀재판의 실제 사정에 관한 장에서 언급하겠지만, 좌우간 이로써 이단 심문 제도는 형식과 내용이 모두 정비 및 확립되었다.

이러한 교회 측의 이단 심문 활동에는 각국의 세속 권력이 당연히 협력해야 했다. 앞서 언급한 바와 같이 중세 서유럽은 로마 교회를 정점으로 그리스도교적 질서를 따르는 세계 국가였다. 그 구성원인 각국은 국민으로 하여금 이 질서를 따르게 하는 것이 중대한 임무였다. 즉 이 질서를 어지럽히는 이단자를 적발하고 처벌하는 것은 교회뿐 아니라 국가의 임무이기도 했다. 따라서 이단 여부를 가리는 재판은 교황 직속의 이단 심문관뿐 아니라 국가와 영주, 나중에 가서는 지방 자치체 등의 세속 재판에 의해서도 행해졌다(이단자에게서 몰수할 재산을 노리고 교회와 국가가 서로 경쟁적으로 이단을 적발하는 경우도 드물지 않았다).

성속(聖俗)의 양 법정이 이단 박멸을 공동으로 진행하면서 이단하고는 상관없는 중대한 불행이 부산물로 생겨난 점에 대해 추가적으로 언급하고 싶다. '이단 심문이 가져온 갖가지 해악 중에서 가장 큰 해악은 다음과 같다. ──18세기 말엽부터 유럽 대부분에 걸쳐서 이단을 박멸하기 위해 생겨난 이단 심문 방법이 온갖 종류의 피고를 재판하는 통상적인 방법이 된 것이다. 즉, 피고는 어떠한 권리도 없는 자로 취급되었고, 죄는 유죄로 이미 결정 나 있었으며, 자백은 기만이거나 또는 고문으로 강요되었다…….'(헨리 찰스 리 『중세의 이단 심문[A History of the Inquisition of the Middle Ages]』, 추후에 는 『중세』라고 줄여서 표기)

'심문'의 의미 내용

여기에서 '이단 심문(inquisitio pravitatis hereticae)'이라는 말의 내용 에 대해 주석을 덧붙이겠다.

Inquisitio에는 단순히 '심문'과 '재판'이라는 의미뿐 아니라 '추 구', '탐색', '적발'이라는 의미도 담겨 있다. 따라서 '이단 심문관(in-quisitor)'이 하는 일은 법정에서만 이루어지지 않는다. 어느 시골구 석의 초가집이라도 이단자로 의심되는 자가 있으면 쳐들어가서 적발 및 체포하는 일에서부터 시작해서 기소, 심문, 재판, 판결, 처 형에 이르는 일체를 행하는 경찰관이고 검찰관이며 재판관이자 처형 담당자이다. 따라서 '이단 사냥'(마녀재판에서는 '마녀사냥')이라는 통속적인 말이 inquisitio가 의미하는 바를 가장 잘 나타낸다고 하 겠다.

이리하여 확립된 이단 심문 법정에 마녀가 출정하게 되면서 마 녀재판이 시작되었다. 그런데 이단자가 아닌 마녀가 어째서 이단 심문 재판을 받게 되었을까? 그 문제로 들어가 보자.

3. 이단자와 마녀의 혼재

이단 심문에 마녀가 출정하기 시작

평온하던 '옛 마녀'의 시대에도 마녀가 민중에게 폭력을 당하거나 국가의 재판을 받고 처형되는 예는 드물지 않았다. 하지만 이는 마녀가 종교적인 이단죄를 범해서가 아니라 주술을 써서 사람을 죽이거나 또는 가축을 병들게 하는 등 형사범적인 행위를 했기 때문이었다. 따라서 그 재판은 '이단 심문'의 대상이 아니었다. 마녀를 싫어한 것은 교회가 아니라 일반 대중과 세속 재판관이었다. 앞서 언급한 바와 같이 교회 측에서는 오히려 마녀를 감쌌을 정도였다.

그런데 이단자 처단 운동이 격화된 11~12세기 무렵부터 이단자를 재판하는 교회 측 법정에서 '마녀'의 모습이 한 둘씩 보이기 시작했다. ──그 말인즉슨 이단자의 죄상 중에서 마녀적인 행위가 거론되기 시작했다는 뜻이다.

예를 들어 1022년에 다수의 이단자(알비파)가 프랑스의 오를레앙 주교구에서 산 채로 화형에 처해졌는데, 그때의 기록에서 다음과 같은 문구를 찾아볼 수 있다.

'……그들(이단자)은 저마다 등불을 손에 들고 지정된 집에 집합했다. 소악마의 이름과 기도문을 한 사람이 선창하면 나머지가 따라 하듯이 읊조리기 시작했다. 그러자 갑자기 동물의 모습을 한 마왕(사탄)이 그들의 중앙에 모습을 드러냈다. 하지만 신기하게도 그 모습은 그들에게밖에는 보이지 않았다. 일동은 즉시 등불을 껐다. 그리고 본인의 가장 가까이에 있는 여자를 서둘러 움켜잡았다. ……만약 아이가 태어나면 여드렛날에 전원이 집합하여 중앙에 불을 크게 지피고…… 의식을 행하다가 불 속에 아이를 넣고 불태웠다. 그 뼈의 재는 모아서 보관했다. ……그 재를 극히 소량이라도 맛보면 그 누가 제아무리 설득하더라도 자신의 이단을 버리지 않으며, 올바른 길로 돌아가지 않게 된다. ……'

이는 16~17세기 마녀재판 전성기의 '새로운 마녀'의 자백과 완벽하게 동일하다.

1239년 5월 29일에 샹파뉴에서 이단자 약 180명이 화형에 처해졌는데, 그 죄상에는 '마녀에게 조력을 구했다'는 마녀 행위가 추가되어 있었다. 1275년에는 툴루즈에서 60살 된 노파가 화형 선고를 받았는데, 이는 그녀가 악령과 성관계를 맺어 악마의 자식을 낳았고 근처 묘지에서 파낸 쌍둥이의 고기로 그 아이를 길렀다는, '새로운 마녀'들이 으레 했다고들 하는 그 행위를 했다는 이유에서였다. 또 1303년에 루브르 입법 회의는 프랑스 왕 필리프 4세와 분쟁 중이던 교황 보니파시오 8세를 이단자로 고발했는데, 고발 이유 중의 하나가 사역마(마녀에게 육성되어 부르면 소환되어 나오는 소악마)를 부려 갖가지 정보를 모으거나 또는 나이 지긋한 술사와 예언가 등과 관계하는 마녀라는 것이었다.

같은 시기에 잉글랜드의 왕 에드워드 1세의 재정경제부 장관이던 코번트리의 주교가 살인과 간통을 했다는 명목으로 고소당했는데, 그 주교가 악마에게 예배를 올리고 악마의 엉덩이에 입맞춤을 했다는 것도 고발 이유 중의 하나였다. 악마 예배와 둔부 입맞춤도 전형적인 새로운 마녀 행위의 하나였다.

이상은 극히 일부의 예에 지나지 않지만, 이단자 고발 이유 중에 마녀적인 행위가 추가되기 시작하였고 그 경향은 시간이 흐를수록 점차 현저해졌다.

마녀와 이단 심문의 관할

로마 교황이 파견한 이단을 박멸하겠다는 열의로 불타는 이단 심문관들은 그 활동 범위를 마녀로까지 확대하길 열망했다. 하지만 마녀는 아직 이단자로 인정되지 않았으며, 마녀는 주교에게 맡겨야 한다며 교회는 이단 심문관의 간섭을 오히려 억제했다. 따라서 마녀를 이단 심문 법정에서 재판할 수 없었다. 이러한 딜레마로 발생한 것이 이단자와 마녀의 애매한 혼동이었다.

하지만 이 딜레마를 더이상 견딜 수 없었던 프란치스코파 이단 심문관은 1257년에 교황 알렉산데르 4세에게 마녀 행위를 심문해도 되겠느냐고 의견을 구했다. 이에 교황은 교서로 대답했다. 교서 왈, 이단 심문관은 본분 이외의 일을 하기 위해 본분에서 이탈해서는 아니 되며, 그와 같은 범죄는 그것이 명백한 이단 행위를 동반하지 않는 한, 각각 정규 소관에 맡겨야 한다. 동일한 취지의 교서가 1260년에 도미니크파 앞으로도 포고되었다. 이 교서는 가톨릭교회가 마녀를 '명백한 이단'으로 보지 않고 관용적인 태도를 표명한 최후의 성명이었다.

하지만 '명백한 이단을 동반하지 않는 한'이라는 조건은 이단 심문관의 마녀 간섭을 억제하는 조건임과 동시에 그 간섭을 용인하는 조건이 되었다. 왜냐하면 '명백한 이단'을 동반하는가 그렇지 않은가 하는 판정은 이단 심문관에게 위임되어 있었기 때문이다. 그리고 뒤에서 언급하겠지만, 사실 이 전환기에는 이단 심문과 마녀재판의 과도적인 혼동이 다수 관찰되었다. 그러한 의미에서 알렉산데르 4세의 이 교서는 마녀에 대한 교회의 급격한 태도 변화를 암시하는 전조라고 할 수 있었다.

마녀사냥 해금령 발포

그리고 사실 여기에서 암시된 급격한 변화는 모든 교황 중에서 가장 미신적이고 가장 탐욕적이며 가장 잔인했던 요한 22세의 교서(1318년 2월 27일자)에 의해 확정시켰다. 이 교서는 프랑스의 최고 성직자 세 명에게 보낸 상당히 긴 글이었는데, 그 안에서 '언제든 어디에서든 마녀재판을 개시하고 계속하고 판정할 충분하고 완전한 권능을 너희들 각자에게 부여하겠다'는 취지를 언명했다. 또 2년 후 1320년 8월 22일에는 카르카손(프랑스)의 이단 심문관에게 마녀는 이단자로서 처분하고 그 재산은 마땅히 몰수해야 한다고 명했다.

이 마녀재판 해금령이 그때까지 좀이 쑤시는 팔을 쓰다듬고 있어야만 했던 각지의 이단 심문관들을 얼마나 고무시켰으며 얼마나 열정적으로 마녀사냥에 뛰어들게 했을지 쉽게 상상할 수 있을 것이다.

이 기세에 더욱 박차를 가하듯이 교황 요한은 마녀사냥 강화령을 1323년, 1326년, 1327년, 1330년, 1331년에 연이어 발표했다. 이 형세를 이어받은 차기 교황 베네딕토 12세도 동일한 취지의 교서와 서간을 더욱 빈번하게 연발했다. ——1336년 일 년 동안에만도 다섯 번, 1337년에 네 번, 1338년과 1339년에는 각각 한 번……. 이에 이어서 대대로 교황이 발표한 방대한 마녀 탄압령을 더 열거한다면 쓸데없이 글만 길어질 것이다.

여기에서 분명하게 밝혀둘 것은 1318년에 발표된 해금령으로 인해 마녀의 처지가 급변했다는 것, 바꾸어 말해 비교적 평온했던 '옛 마녀'의 시대가 종말을 고했다는 것, 그리고 마녀재판은 이단 심문의 관할이 되어 새롭게 출발했다는 것이다.

해금으로 마녀사냥 급증

1318년에 요한 22세가 발표한 마녀사냥 해금령과 강화령으로 이단 심문관에 의한 마녀사냥이 갑자기 급증했다. 남프랑스에서 현저하게 급증한 것은 애당초 이단 심문 제도가 남프랑스의 이단 운동을 계기로 만들어졌다는 점을 상기해보면 쉽게 수긍할 수 있는 부분이다.

1307년부터 1324년까지 남프랑스 툴루즈 지방에서 심문관으로 활동한 베르나르 기는 그동안 930명의 이단자를 잡아 판결을 내렸는데, 그중에 마녀는 아직까지 한 명도 포함되어 있지 않았다. 그런데 1320년부터 1350년까지의 기록인데, 동일한 툴루즈에서 마녀로 기소된 자가 600명이나 되며 그 가운데 400명이 화형에 처해졌다. 또 동일한 시기에 근접한 카르카손 지구에서도 기소된 마녀 400명 가운데 200명이 화형에 처해졌다. 이 숫자는 1318년 해금령 발표를 기점으로 정세가 급변했음을 구체적으로 보여주는 증거라고 볼 수 있다. 이 정세가 서구 전체로까지 파급된 것은 조금 더 후이지만, 이 시기에 마녀재판이 시작된 것은 확실하다. 이 시기에는 마녀를 이단자로서 판가름할 마녀재판의 법적 근거가 아직 확립되어 있지 않았다. 마녀를 이단자로 단정할 신학적 논증은 그로부터 100년 후에 이루어진다. 하지만 실제적 필요가 이론을 앞섰다. 이 시기의 마녀재판은 이단자와 마녀를 애매하게 혼동하여 행해진 의사 마녀재판, 즉, '엉터리 마녀재판'이었다.

교황 요한과 마녀

마녀사냥 해금령이 이론적 정당화보다 실제적 '엉터리 재판'을 우선시킨 이유는 무엇일까? 그것은 '정치'였다고밖에는 생각할 수 없다.

교황 요한의 주변에는 정치적 마녀의 모습이 항상 따라다녔다. 이 교황은 잔인, 음험, 야망, 탐욕, 위선, 미신, 그 외의 온갖 악덕, 게다가 당대 일류의 신학적 박식함이라는 악덕(지식은 소유자가 누구인가에 따라서 최고의 악덕이 되기도 하는 법이다)까지 겸비한 인물이었다.

그 인물을 상징하는 여러 이야기가 전해지는데, 다음은 그중의 하나이다. ──백년전쟁 과정에서 프랑스 왕 장 2세를 잡은 영국 군대가 몸값으로 금화 80만 플로린을 요구하였으나 프랑스에서는 그 절반밖에 지불할 수 없었던 시기에, 같은 프랑스의 아비뇽 교황청에서 지내며 영민에게 무거운 세금을 부과시켜 사회 불안을 증대시키고 있던 이 교황은 사후에 2500만 플로린의 개인 자산을 남겼다.

요한이 이단 심문관에게 마녀사냥 허가를 내렸을 뿐 아니라 잇달아 마녀사냥 강화령을 연발한 데에도 이로써 요한 개인의 신변을 보호할 사적인 이유가 다분히 있었던 것이다. 그는 교황 선거를 둘러싼 신변의 정세 때문에 자신을 배척하려는 자의 음모를 두려워했고 늘 신경이 곤두서 있었다. 그리고 교황으로 즉위한 후 머지않아 자신의 생명을 노린다고 의심되는 자 여러 명을 주교에게 체포하라고 명했고, 고문해서 '악마의 힘을 빌려 미래를 점쳤고 사람을 병들어 죽게 했다'라는 마녀적 행위를 행했다는 자백을 받아내 처형했다. 또 같은 해에 그의 출신지인 프랑스 카오르의 주교에게 개인적인 원한으로 종신 금고형을 내렸고, 나아가 자신의 생명을 노린다는 이유로 그 주교를 관헌에게 인도하여 화형에 처했다. 요한의 이런 종류의 행동은 그 밖에도 많은데, 그가 마녀사냥 해금령을 발포한 것이 때마침 이 시기와 겹친다.

요한은 언제나 사람을 의심했고 언제나 겁에 질려 있었지만, 동시에 또 언제나 사람에게 의심받았고 언제나 두려움의 대상이 되었다. 그는 '반그리스도'로 의심받았고 '이단자'라고 불렸고 파리대학교로부터 이단설을 취소하라는 명령을 받기도 했다. 중세 후기 그리스도교 국가에서는 사람들끼리 서로 의심했고 또 의심받았다. 조지 사튼이 실로 적절하게 말한 것처럼 '중세는 신앙(belief)의 시대가 아니라 불신(disbelief)의 시대였다.'

사회 불안과 마녀사냥

하지만 이러한 의심과 불신은 당시 사회적 변혁기의 불안과 동요의 반영이었다. 요한의 시대는 소위 '교황이 바빌론의 포로가 된' 시대(1309~1377년)로, 교황의 권위는 국왕의 권위에 억눌려 있었고, 교황청은 로마에서 아비뇽(남프랑스)으로 옮겨져 프랑스 왕의 지배하에 놓였으며, 로마 교황이 주권자인 가톨릭적 '세계 정치'는 금방이라도 붕괴될 듯한 위기 상황에 놓여 있었다. 가톨릭교회는 이 위기 상황을 극복하지 못해 점점 더 혼란스러워졌고, 이윽고 종교 개혁 운동으로 이어져 서유럽 전역을 황폐화시킨 '종교 전쟁'이라는 이름의 사회적 대동란으로 옮아갔다. 요한의 해금령으로 기세를 얻은 마녀사냥은 이 사회적 동란과 보조를 맞추어 1600년의 정점을 향해 나아갔다. 마녀 문제는 민속학적 문제였을 뿐 아니라 동시에 정치 문제이기도 했다.

정치적 도구로서의 마녀

이단 심문에 세워진 이단자의 죄상에 가미된 마녀적 행위와 요한을 둘러싼 의사 마녀재판을 보면 마녀가 정치적 도구로서 등장하기 시작했다는 것을 알 수 있다. 그 전형적인 일례가 템플기사단에게 행해진 엉터리 마녀재판일 것이다.

템플기사단은 성지 순례자 보호와 성묘 방위를 목적으로 1119년에 설립된 수도회로 서구 전역에 지부를 두었으며 13세기 말에는 막대한 토지와 부를 가진 대재벌로 성장했다. 당시 엄청난 궁핍에 빠져 있던 프랑스 왕 필리프 4세는 이 재산에 눈독을 들였다. 그리고 자신이 교황으로 옹립시킨 클레멘스 5세를 앞잡이로 삼아 다양한 고발 이유를 날조해 만들어냈고, 프랑스를 중심으로 전 유럽적 규모의 이단 심문을 시작했다(1307년. 이 이단 심문의 규모가 얼마나 컸는지는 1810년에 나폴레옹의 명령으로 교황청 공문 서류를 파리로 보냈을 때 템플기사단 심문 관계 서류의 양이 3239상자에 달했다는 사실을 통해 상상해 볼 수 있다).

필리프 왕은 서구 각국의 주권자에게 문서를 발송하여 기사단을 압박해달라고 요청했다. 프랑스의 허수아비 교황 클레멘스도 이를 보고 배워, 제국의 원수에게 기사단을 탄핵할 고발 이유 수십 항목을 제시하며 이단 심문을 요청했다.

고문과 판결과 화형, 그리고 필리프의 주목적인 재산 몰수가 서구 각지에서 이루어졌다. 국법으로 고문을 금하던 잉글랜드에서는 결정적인 자백을 받아낼 수 없었다. 이에 교황은 이단 심문관을 프랑스에서 잉글랜드로 파견했고, 에드워드 2세 왕과 모든 주교에게 서신을 보내 심문관이 '교회의 법률'에 따라서(즉 고문을 이용하여) 재판하는 것을 인가해달라고 권고했다. 이리하여 잉글랜드에서도 기사단이 '자백'을 했다(이단 심문관이 잉글랜드에서 활약한 것은 이때뿐이다).

결국 이 교단은 1312년에 해산되었다. 단장 자크 드 몰레는 다른 지도자들과 함께 잔학한 고문을 받은 끝에 거짓 죄를 '자백'했고 화형에 처해졌다. 자크 드 몰레는 형장에서 '자백'을 철회했고 "하나님께서 우리의 죽음에 복수해주실 것이다!"라고 외쳤다. 프랑스는 교황권보다 강력한 왕권과 템플기사단의 막대한 부를 손에 넣었다.

그런데 심문관들의 판결 이유 중에는 다음과 같은 '사실'이 포함되어 있었다. '단원 집회 때 입문자는 십자가에 침을 세 번 뱉었다', '입문자는 나체 상태로 지도자의 둔부와 배꼽과 혀에 입맞춤을 세 번 했다', '회장에 고양이 한 마리가 나타났고 회중은 그것에게 예배했다', '사음을 합법으로 간주하여 단원은 원하는 만큼 음행을 했다', '사음으로 태어난 신생아를 불에 태워서 만든 기름 연고를 우상에 바르며 예배한다' 등등……. 이러한 자백 내용은 나중에 본격적인 마녀재판에서 받아낸 자백과 완벽하게 동일하다.

잔 다르크의 마녀재판

맹아기의 마녀재판이 정치적 도구로서 시작되었음을 보여주는 또 다른 예로 잔 다르크의 이단 심문을 들 수 있다. 이 심문은 영국과 프랑스 사이에 벌어진 '백년 전쟁' 과정에서 프랑스에 승리를 가져다준 스무 살의 시골 처녀 잔을 모두가 미워하고 기피하며 싫어하는 마녀 이단자로 꾸밈으로써, 기적적인 프랑스 군대의 대승리를 마법의 소행으로 조작하고, 신성한 이단 심문의 판결이라는 대의명분하에 그 처녀를 죽이고자 한 영국 측의 정치적 책략이었다. 영국의 섭정 베드퍼드와 그 앞잡이인 프랑스 보베의 주교 코숑이 영국 편을 심하게 드는 파리 대학교(신학에 있어서는 세계 최고의 권위)를 아군으로 끌어들여 영국 측의 일방적인 노선으로 추진한 이단 심문이었다. '대천사 미카엘에게는 머리카락이 있었는가?', '그대는 미카엘과 성 카트린에게 입맞춤을 하였는가?', '둘을 포옹하였을 때 따뜻하다고 느꼈는가?', '몸의 어느 부위를 안았는가? 위쪽인가?'……. 16회나 열린 심문은 이러한 문초를 중심으로 이루어졌고, 이리하여 잔은 이단으로 확정되었다.

처형일(1431년 5월 30일)에 루앙 광장에 모인 군집에게 공표한 잔 다르크의 이단 내용은 '마법', '미신', '악마에게 기도' 등등이었다. 이 시기에는 아직까지 새로운 마녀 개념은 완성되어 있지 않았다. 잔 다르크가 잡힌 것이 1세기 후였다면 그녀의 이단 심문은 더욱 확실한 형태의 마녀재판이 되었을 것이고, 새롭게 확립된 마녀 개념에 입각하여 '자백'을 받아냈을 것이다.

이 사례들은 정치적 필요에 의해 이단자에게 마녀적 색채를 의도적으로 씌워 진행한 과도적인 엉터리 마녀재판의 예시이다. 이와 같은 과도적 상태를 보여주는 다음과 같은 예가 있다.

1438년의 일이다. 프랑스 도피네 지방에서 이단 심문관과 대주교가 마녀를 이단자로서 재판하여 판정을 선고한 후 신변을 영주에게 넘겼다(세속에게 넘기는 것은 사형 처분을 관헌의 손에 맡기는 것을 의미한다. '교회는 피를 흘리지 않는다'가 이단 심문의 원칙이었다). 그런데 그다음 날, 영주의 법정은 다시금 그 마녀를 기소하여 재판하고 판결을 내린 다음에 처형했다. 그리고 마녀의 몰수 재산은 영주, 대주교, 이단 심문관, 세 사람이 배분하여 가졌다. 즉, 마녀는 이단 심문 법정에서는 이단죄를 심문받고, 세속의 법정에서는 형사상의 죄를 심문받는, 이중 재판을 각각 받은 셈이다.

이는 성속의 양계가 마녀를 '이단자'로 취급하기 위한 통일적인 마녀 개념을 아직까지 확립하지 못하여 마녀재판이 아직 정규 궤도에 오르지 못했음을 보여주는 사례이다. 통일적인 마녀 개념을 확립하기 위한 당당한 신학적 논구가 잇달아 출현한 것은 이로부터 머지않은 15세기 후반이다.

4. '새로운 마녀'의 창작과 마녀재판의 확립

'새로운 마녀'론의 속출

이단 심문 제도를 확립하기 위한 베르나르 기와 에이메리히의 이단론도 마녀 행위와 관련되는 죄에 대해 언급하고는 있으나, 마녀를 본격적으로 이단자로서 거론할 정황이 아직 충분히 무르익지 않았기 때문에 그 언급도 이차적인 과정에 지나지 않았다.

그런데 15세기 중반에 이르자 전적으로 마녀의 이단성을 논증하는 전문적인 마녀론이 갑자기, 하물며 속속 나타나기 시작했다 (이러한 저술의 표제는 다종다양하나 취지는 동일하므로 이하에서는 편의상 이것들을 일괄하여 '마녀론'이라고 부르도록 하겠다). 15세기가 끝날 때까지의 반세기 동안에만도 적어도 15권의 서적이 출간되었다. 획기적인 마녀론 『마녀를 심판하는 망치(Malleus Maleficarum)』도 이 시기에 출간된 책이다.

이들 저서의 국적은 서유럽 전역에 걸쳐 있었으며, 저자의 직종은 이단 심문관, 대학교수, 법학자, 세속 재판관, 의사 등으로 광범위했다. 이단 심문관이 전체 저자의 약 절반 이상을 차지할 정도로 압도적으로 많았는데, 이는 마녀재판이 이단 심문의 연장 또는 확대이므로 당연한 이치이다.

마녀재판 전성기로 접어든 1500년대에는 약 30권이 출간되었다 (이 중에는 '900명의 마녀를 처형한 재판에 근거하여 쓴 것'이라고 직접 표제지에 쓴 니콜라 레미의 『악마 숭배[Daemonolatreiae libri tres]』[1595년]와 마녀사냥왕인 스코틀랜드의 제임스 6세[나중에 잉글랜드 왕을 겸하여 잉글랜드에서는 제임스 1세라고 불림]의 유명한 『악마론[Daemonologie]』[1597년]이 포함되어 있다).
1600년대에는 12권이 출간되었다(1600년대의 선두에 마녀재판의 절정기임을 알려주는 듯 세속 재판관 앙리 보게의 『마녀론』[1602년]이 남다른 두각을 나타냈다). 1700년대에는 시니스트라리의 『색마론』(1700년)의 1권만이 관찰되는데, 하물며 이 책은 책 전체가 성(性)에 관한 스콜라학적인 서적——성마론과 그 실례가 담겨 있으며, 마녀재판의 종말이 다가오고 있음을 보여준다(또한 상기 외에 마녀재판의 불길이 1700년대 말에 신대륙 미국으로 번져 그곳에서 집필된 2~3권에 관해서는 다른 장에서 언급하겠다).

이와 같이 마녀론 서적의 숫자와 저술 연대를 열거하여 보면 그것이 그대로 마녀재판의 성쇠를 보여주어서 무척 흥미롭다.

『마녀를 심판하는 망치』

이리하여 속출한 다수의 마녀론 중에서 가장 대표적인 것은 어느 평론가가 '지극히 과학적'이며 '학문적 업적으로서는 거의 제1급에 속하는 것'이라고 평가한(찰스 윌리엄스 『마법[Witchcraft]』, 1959년) 『마녀를 심판하는 망치』(1485년)이다. 기와 에이메리히의 저술이 이단 심문 제도 확립을 위해 수행한 역할을 마녀재판 확립에 수행한 것이 이 책이었다. 이후에 속출한 비슷한 부류의 책은 내용을 논술하는 형식부터 시작해서 이 책을 모방했음을 알 수 있다. 이런 부류의 유본에 관해서는 이야기를 진행하면서 그때그때 수시

『마녀를 심판하는 망치』의 표제지

로 언급하기로 하고, 여기에서는 『마녀를 심판하는 망치』를 개략
적으로 소개하도록 하겠다.

　이 서적은 두 명의 이단 심문관의 공저로 쓰여졌다. 그중 한 사
람 야콥 슈프랭거(1436~1495년)는 바젤 출신의 도미니코 수도회 수
도사이자 쾰른 대학교의 신학부장이었다. 1481년에 이단 심문관
으로 독일 각지에 파견되어 열정적으로 활동했다. 교황 알렉산데
르 6세는 그 종교적 열의와 노력을 상찬하며 특별히 감사장을 보
냈다. 그 밖에 2~3권의 신학 관련 서적을 저술하였다.

　또 다른 저자 하인리히 크라머(라틴명 인스티토르로 더 잘 알려져 있
다. ?~1505년)도 독일의 도미니코 수도회 수도사이자 신학자였다.

1474년부터 독일의 각지에서 이단 심문관으로 활동했다. 이 공저 이외에 3~4권의 저술이 있다.

『마녀를 심판하는 망치』(1580년도 판의 경우 총 627페이지)는 3부로 나누어진다. 1부의 제목은 「마법에 필요한 세 요소, 악마, 마법사, 신의 묵인에 관하여」이며, '마녀의 실재를 믿는 것은, 이것을 완고하게 부정하는 것이 명백한 이단이 될 만큼, 가톨릭 신앙에 있어서 본질적인 것인가 그렇지 않은가'라는 첫 번째 질문에서부터 시작하는 마녀의 이단 논증에 관한 내용을 담고 있다. '악마와 마녀의 결탁'(두 번째 질문), '남색마와 여색마는 아이를 임신시킬 수 있는가'(세 번째 질문), '악마와 성교를 나누는 마녀에 관하여'(여섯 번째 질문) 등 먼 옛날부터 전승되어온 마녀 행위를 열거하고, 그 하나하나를 신학적 근거와 스콜라학적 논리에 근거하여 이들 행위가 결코 전승적 미신이 아니라 이단적 사실임을 꼼꼼하게 입증했다.

제2부의 제목은 「마녀가 마법을 행하는 방법 및 그 방법을 무효화할 방도에 관하여」이며, 마녀가 하늘을 나는 방법, 악마와 성교하는 방법, 마녀가 사람을 성 불능이나 불임으로 만드는 방법, 남성으로부터 성기를 빼앗는 방법, 인간을 짐승으로 바꾸는 방법, 폭풍과 번개와 우박으로 가축에게 피해를 입히는 방법 등에 관한 해설과 심문관이 취해야 할 대책 방법이 담겨 있다.

제3부는 「마녀 및 모든 이단자에 대한 교회 및 세속 법정에서의 재판 방법에 관하여」이고, 재판의 시작, 증인, 투옥, 체포, 변호, 고문, 심문, 판결……등에 관한 상세한 지시와 조언이 적혀 있다. 이

는 이미 에이메리히의 『이단 심문관 지침』과 토르케마다의 『이단 심문 교본』 등이 지시하고 실행해온 방법을 토대로 '마녀'라는 '각별히 위험한 이단자'를 재판하기에 적합한 방법을 구체적으로 설명해놓은 섹션이며, 지시 사항을 꼼꼼하게 적어놓은 수준은 에이메리히 이상이다.

(예) 관리가 재판 준비를 하는 동안에 피고를 알몸으로 만들라. 만약 피고가 여자라면 감옥으로 데려가서 정직하고 훌륭한 부인의 손을 빌려 알몸으로 만들어라. 마법에 사용하는 도구를 피고가 의복 안에 꿰매어 두었을지도 모르기 때문이다. 왜냐하면 그들은 악마의 지시에 따라서 세례받지 않은 유아의 손발을 재료로 써서 이러한 도구를 만들기 때문이다. 이러한 도구를 모두 처리하였으면 자진해서 사실대로 자백하도록 재판관이 직접 피고를 설득하고, 또 신앙심 깊은 정직한 사람들을 시켜서 설득하여라. 만일 자백할 것 같지 않으면 피고를 밧줄로 묶어 고문하라고 관리에게 명하라. 관리는 즉시 그 명령에 따라야 한다. 단, 기쁜 듯한 태도가 아니라 오히려 자신에게 그런 역할이 주어져서 곤혹스러운 듯한 태도를 취해야 한다. 피고를 고문하지 말아 달라고 누군가에게 간절하게 탄원하라고 사전에 지시해두라. 그러면 고문을 취하해 주고, 한 번 더 설득하라. 설득의 한 방편으로써 자백하면 사형을 면해주겠다고 말하라…….

제3부는 마녀재판에 직접 종사하는 재판관에게 가장 도움이 되는 부분이었을 것이다. 이 서적은 마녀재판관이 휴대하며 읽을 만한 이론과 실전 양면에 걸친 그야말로 '마녀의 모든 것'이었다. 판명된 것만으로도 1487년부터 1520년까지 13판, 1574년부터 1669년까지 16판, 총 29번의 중판이 이루어졌다. 게다가 이 시대로서는 드물게 18번 접는 포켓판으로 제작되었다는 사실이 이 서적이 유익하고 편리한 비전서로서 마녀재판관에게 얼마나 폭넓게 애용되었는지를 이야기해주고, 『마녀를 심판하는 망치』가 마녀재판에 얼마나 깊은 영향을 끼쳤는지를 추정케 해준다. 이 서적에 한층 권위를 부여하고 보급력과 영향력을 높이는 데 공헌한 것은 권두에 붙은 인노첸시오 8세의 교서(1484년 12월 5일자)였다(6페이지 참조).

『마녀를 심판하는 망치』가 수행한 역할

마녀재판은 이단 심문으로서 출발했다. 마녀재판의 본질을 결정한다는 의미에서 중요하다. 그때까지의 마녀——'옛 마녀'——는 주술사이자 마법사였고 그래서 형법상의 범죄자였지만, 종교적 사상과 정신과 관련된 이단자는 아니었다. 따라서 마녀는 이단 심문 법정에 설 이유가 없었으며, 또 사실 이단 심문 법정에 마녀를 세우는 것을 로마 교황이 허락하지 않은 것은 물론이고 앞서 언급한 바와 같이 공적으로나 사적으로나 마녀 박해를 오히려 제지하는 태도를 취했다.

하지만 그럼에도 불구하고 실제로는 이단 심문 법정에서 마녀의 모습이 간간히 보였고, 1318년에는 교황 요한이 교서를 통해 마녀 재판을 이단 심문의 관할하에 두겠다고 선언하기까지 했다.

이에 마녀재판을 이단 심문으로서 정당화하는 것이, 다시 말해 '마녀'가 '이단자'임을 증명하는 것이 교회 당국에게 필요했고 동시에 중요한 과제가 되었다. 이 과제를 해결할 역할을 받아들이고 이를 가장 훌륭하게 수행해낸 것이 『마녀를 심판하는 망치』였다. 이 책이 모두에서 이 문제를 거론한 것도 당연한 이치였다. 아마 신서판(103×182mm)의 판형을 기준으로 번역하면 1000페이지가 넘을 것이다. 그런 방대한 이 책이 3분의 1을 할애한 제1부의 장황한 논증으로 확립한 결론은 '마녀는 악마와 계약을 맺고 악마의 하수인으로서 순종하며 그 대가로 악마의 마력을 얻어 초자연적인 마법을 쓸 수 있다'는 것이다.

이로써 마녀는 '명백한 이단 행위를 하는 자'를 넘어서 '이단자 중에서도 악질적인 이단자'가 되었다. '다른 이단자는 악마와 결탁까지는 하지 않는다. 마녀의 이단 행위가 꺼림칙한 이유는 바로 이러한 악마와 인간의 부정한 관계에 있다.' 마녀는 마녀가 행한 형사범적인 '행위' 때문이 아니라 그 행위 이전에 '악마와 결탁'한 그리스도교에서 말하는 '영혼의 타락' 때문에 재판의 대상이 되는 것이다. 그러므로 마력으로 설령 선행을 베푸는 '백마녀'라고 하더라도 그 행위를 하기 이전에 악마와 결탁하였으므로 '이단자'이고 화형에 처해져야 한다는 것이 신학적인 상식이 되었다.

마녀의 정의

이리하여 새로운 마녀에 대한 정의가 내려졌다. 예를 들어,

장 보댕의 정의——마녀는 악마와 결탁함으로써 자신의 목적을 달성하려는 자.(『악마 빙의』, 1580년. 참고로 마녀 연구 분야의 다소 독특한 권위자 몬테규 서머스는 보댕의 정의에 대해 '이만큼 간결하고 정확하고 포괄적이며 이해하기 쉬운 정의를 또 발견하기는 어려울 것이다'라며 절찬했다. 『마법과 악마론의 역사[The History of Witchcraft and Demonology]』, 1926년)

윌리엄 퍼킨즈의 정의——마녀는 악마와 동맹을 맺고 악마의 도움을 받아서 불가사의한 일을 행하는 것에 동의한 자.(『마법론[Discourse upon Witchcraft]』, 1608년)

마틴 델리오의 정의——마녀는 악마와 맺은 계약의 힘으로 상식으로는 이해할 수 없는 불가사의한 일을 행하는 자.(『마법 연구[Magical Investigations]』, 1599년)

그 밖의 어떤 정의를 살펴보더라도 마녀의 본질은 명백하게 '악마와 결탁'했다는 점에 있다.

『마녀를 심판하는 망치』가 수행한 역할이 컸다. 그 역할이란 이단 심문으로서 마녀재판을 실시하는 데 합법적인 근거를 제공한 것이다.

통일적인 마녀 개념의 성립

여러 차례 언급한 바와 같이 옛 마녀가 문제가 된 것은 마녀가 행한 개개의 '행위' 때문이어서 마녀를 나타내는 명칭도 그 행위 종류에 따라서 다양했다. lamia(어린아이의 피를 흡혈하는 자), divinator와 soltilegus(점치는 자), bacnaria(빗자루나 지팡이를 타고 하늘을 날으는 자) 등 그 밖에도 다양한 명칭이 있다. 『마녀를 심판하는 망치』의 저자는 마녀를 maleficus(악을 행하는 자)라는 단어로 표기했다.

그러다가 이 시기에 처음으로 이러한 잡다한 마녀들이 악마와 결탁한 '이단자'라는 하나의 개념으로 통일되었고, 개개의 행위는 문제시되지 않게 되었다. 나중에 가톨릭의 이와 같은 이단 논증을 그대로 차용한 프로테스탄트 신학자도 다음과 같이 말했다. '마녀는 사형에 처해야 한다. 살인을 저질러서가 아니라 악마와 결탁하였기 때문이다.'(조지 기퍼드 『마녀와 마법에 관한 대화[A Dialogue Concerning Witches and Witchcrafts]』, 1593년)

개개 범행의 경중에 따라서 형량이 판정되던 옛 마녀는 행운아였다. 사형에 처해지는 경우는 좀처럼 없었기 때문이다. 하지만 저속한 '주술사'에서 고급 '이단자'로 승격된 '새로운 마녀'는 모두 극형에 처해졌다. 설령 선행을 행했어도 일률적으로 화형에 처해졌다. 현존하는 툴루즈의 재판 기록을 읽은 쥘 미슐레는 다음과 같이 말했다. '실로 몇 페이지를 읽는 것만으로도 제군은 마음속까지 얼어붙을 것이다. 오싹하는 냉기가 오장육부에 스민다. 사형, 사형, 이 인간 저 인간 할 것 없이 모조리 사형…….'(『마녀[La Sorciere]』)

'마녀'의 옥석혼효

마녀 개념은 일체화되었지만 마녀가 '이단자'가 되자 무지하고 심술궂고 추악한 노파인 옛 마녀 외에 새롭게 신학적 이단의 옷을 입은 새로운 마녀가 종교와 정치의 무대에 나타났고, 법정에 선 마녀의 종류도 옥석혼효(玉石混淆)가 되었다. 어느 주교 고문관의 서신(8페이지)에서 살펴볼 수 있듯이 성직자도 박사도 학생도 '마녀'가 되었다. 추악한 노파뿐 아니라 시내에서 가장 아름답고 순결한 처녀도 마녀가 되었다. 위로는 품위 있는 사상가부터 아래로는 독초를 따는 노파에 이르기까지 빈부귀천, 나이의 많고 적음, 남녀의 성별을 불문하고 마녀가 되었다.

생각해보면 마녀는 불쌍한 도구였다. 그들이 관여하지 않는 갖가지 재액과 불행, 전쟁과 정치가 그들과 연관 지어졌다. 하물며 이는 완전히 자의적인 연관이었다.

고급 마녀는 그나마 나았다. 그들에게는 종교적 신앙이나 사회 개혁적 이상 같은 마음에 품고 죽을 대의가 있었기 때문이다. 하지만 마녀의 대부분을 차지하는 하급 마녀들에게는 순교할 만한 아무런 이유가 없었다. 하지만 재판관은 그들이 본인의 의지로 결탁한 악마를 위해 순교했다고 말할 것이다. 허나, 그들은 악마와 일면식도 없었고, 따라서 결탁하려야 할 수도 없었다.

'악마와의 결탁'이라는 오래된 관점

그럼 여기에서 우리는 중요한 의문에 부딪치게 된다. 그것은 이 '악마와 결탁'했다는 중대한 문제를 기묘하게도 15세기, 그것도 후반에 들어서 가톨릭 신학 박사와 이단 심문관들이 갑자기 발견했다는 듯이 제기했다는 것이다. 왜냐하면 인간이 악마와 결탁하기도 한다는 관념은 새로운 것이 아니라 그리스도교의 역사와 마찬가지로 오래된 관념이라서 신학자와 이단 심문관에게는 상식이었을 터이기 때문이다.

구약성서에 나오는 '죽음과의 계약'이나 '지옥과의 협정'(이사야서 28:15)이라는 말은 악마와 결탁함을 의미한다. 신약 시대에 들어서면 교부들은 모두 악마의 힘을 중요한 문제로 다룬다. 가톨릭 신학은 모든 것을 악마의 힘으로 설명한 아우구스티누스(354~430년)에 의해 토대가 구축되었으며, 이 위대한 교부의『신의 나라』와『그리스도교 교리』는 15세기 이후에 마녀론자들이 마녀와 악마의 결탁을 논증하는 유력한 증거로서 유달리 많이 채용되었다.

예를 들어 악마와의 결탁을 증명하는 사례로서 마녀론자가 첫 번째로 거론하는 것이며 마녀재판관이 이상할 정도의 열정으로 추궁한 마녀와 악마의 성관계도 영적 존재와 인간의 성교와 임신에 관한 아우구스티누스의 논증이 유력한 뒷받침이 되었다.

그 이후로 대대로 신학자에게 이어져 내려오다가 신학의 최고봉 토마스 아퀴나스(13세기)에 이르러서 이 논증은 세련되게 완성되었다. ──악마와 성교하면 여자는 임신할 수 있다. 하지만 그것은 악마의 정액에 의해서가 아니다. 악마는 여색마가 되어서 남자로부터 정액을 받은 후 이번에는 남색마가 되어서 여자에게 줄 수 있기 때문이다. (『신학대전[Summa theologiae]』)

마녀재판관에게 이는 최고의 권위를 지닌 마녀론이었다. 토마스가 근거로 삼은 것은 역시 아우구스티누스였다. 이단 심문 역사 연구에 생애를 바친 헨리 찰스 리도 단언한 바와 같이 '악마와 결탁한다는 관념은 다름 아닌 아우구스티누스에게서 유래한다.'(『마법 역사 자료[Materials Toward a History of Witchcraft]』, 1939년)

그만큼 이는 오래된 관념이다. 이 시기에 새롭게 등장한 것이 아니다. 그 낡은 관념을 새삼스럽게 꺼내든 것은, 그 누구도 거들떠보지 않던 '마녀를 살려두어서는 아니 된다'는 2000년도 전의 모세의 명령을 마녀사냥의 근거로 당당하게 내세운 것과 마찬가지로, '새로운 마녀'를 이단 심문에 출정시키기 위한 작위적인 기교였다고밖에는 생각할 수 없다.

'마녀'는 편리한 도구

애당초 지복직관, 삼위일체, 화체, 성찬……등과 같은 심원하고 난해한 가톨릭 교리를 둘러싼 이단 논쟁에서 흑백 판정을 내리는 것은 해당 분야의 전문가인 이단 심문관으로서도 쉽지 않았다. 피고가 영민하고 박식한 이단자일 경우에는 오히려 심문관 쪽이 논파 당할 우려도 있었을 것이다. 이단 심문의 베테랑이던 베르나르

기가 '평범한 세속인이 있는 곳에서 예민한 이단자와 신앙에 대해 논쟁하는 것은 좋은 방책이 아니다'라고 말한 것은 베테랑다운 현명한 조언이었다고 할 수 있다.

이단자 처형장에서는 심문관은 화형에 처해질 이단자에 대한 판결문을 장황하게, 때로는 수 시간에 걸쳐서 그곳에 모인 대중을 향해 낭독하는 것이 규칙이었는데, 판결문에 담긴 신학적인 이단 내용을 일반 대중이 이해할 리도 없고 판결의 적합성이 판명될 리도 없었다.

하지만 마녀재판이 되면 처형장의 사정이 전혀 달라진다. 판결문은 "이 자는 색마와 동침하였다고 자백하였다!", "하늘을 날아서 마녀집회에 출석하였다고 자백하였다!"로 충분했다. 악마와 결탁했다는 이야기는 하지 않아도 된다. 이는 이러한 행위의 전제라는 것을 누구나 알았기 때문이다. 이 판결문의 경우에는 해당 이단자(또는 이 마녀)가 화형에 처해질 이유를 신학 전문가도, 학교를 다녀 본 적 없는 대중도 즉시 납득할 수 있었다. 그리고 무엇보다도 이와 같은 자백을 받아내는 데는 성가신 신학 논의를 할 필요가 없었다. "그대는 색마와 동침하였는가?", "빗자루를 다리 사이에 끼고 하늘을 날았는가?"라고 묻기만 하면 되고, 자백도 "네!" 한마디로 충분했다. 장황하게 신학적 이유를 말할 필요는 없다.

마녀재판은 실로 능률적인 이단 심문의 간소화였다. 이와 같이 간소화될 수 있었던 것은 마녀가 악마와 결합된 '새로운 마녀'가 된 덕분이었다.

그런데 마녀재판관이 집요하게 추궁하여 자백시킨 새로운 마녀 행위라는 것은, 뒷장에서 상세하게 서술하겠지만 주문을 외워 사람과 가축에게 피해를 주었는가, 약초를 따서 독을 만들었는가, 하늘을 날았는가……등 이미 옛날부터 대중의 마음에 각인되어 있던 옛 마녀의 행위 그대로였다. 즉, 옛날부터 존재하던 옛 마녀에 악마와 결탁했다는 신학적인 옷을 새롭게 입힌 것이 이단 마녀——'새로운 마녀'였다. 하물며 이 신학적인 옷도 새로 맞춘 새 옷이 아니었다. 가톨릭 신학의 옷 상자에서 오랜만에 생각이 나서 꺼낸 오래된 옷이었다.

이것이 '새로운 마녀'의 실체였다. 로마 가톨릭교회가 신학과 법학 박사들을 총동원하여 면밀한 스콜라적 논증에 풍부한 실례를 곁들여 완성한 마녀 상이었다.

새로운 마녀 상의 설득력

이 마녀 상이 위로는 교황과 왕후귀족부터 아래로는 상인과 일반 백성에 이르는 모든 사람을 마녀의 회오리바람 속으로 끌어들인 설득력을 어떻게 가질 수 있었을까?

그것은, 이 마녀 상 제작의 대본이었던 『마녀를 심판하는 망치』 이후에 나온 마녀론이 지닌(찰스 윌리엄스의 비평을 빌리자면) 논증과 실증을 겸비한 과학성에 있었다.

이 논증 방법은 면밀하고 정밀하며, 많은 증거와 예를 들고 있으며, 스콜라학적인 기준에서 말하자면 윌리엄스가 말한 바와 같이 '일류의 학문적 업적'일 것이다. 여기에서 채택한 증거는 성서와 교회법, 교황의 교서는 물론이고 아우구스티누스, 이시도로, 토마스 아퀴나스, 아리스토텔레스, 알베르투스 마그누스, 베다, 빈첸시오, (아라비아로 날아가서) 이븐 시나, 알 가잘리……등 요컨대 당대에 알려져 있던 학문 역사상의 모든 권위의 총동원이었다. 이러한 인물과 책의 권위 있는 말을 누가 의심할 수 있었겠는가.

『마녀를 심판하는 망치』의 저자는 언어학적 고증을 하는 것도 잊지 않았다. 예를 들어 마녀에 여성이 많은 이유는 '마녀(femina)는 신앙(fe)이 적기(minus) 때문이다.' 또 '악마(diabolus)'라는 말은 '둘(dia)'과 '환약(bolus)'으로 이루어지는데, 이는 '악마는 육체와 영혼 두 가지를 한 번에 삼켜버릴 수 있기 때문이다'(쥘 미슐레는 이에 대해 내뱉듯이 한마디로 '현학적인 머저리'라고 평가했다. 그러나 윌리엄스에 의하면 이는 '일류의 학문적 업적'이다. ──이 두 가지 평가는 중세와 근대 사이에서 시점 이동을 할 수 있다면 둘 다 옳다).

『마녀를 심판하는 망치』 이후에 나온 마녀론이 가지는 설득력은 각각의 논증 단락에서 든 풍부한 실례에 있었다. 이 실례는 마녀 재판이 격화됨에 따라서 점점 풍부해졌고, 인용 방식도 점점 정밀해졌다. 이는 마녀사냥이 격화됨에 따라서 마녀의 '자백'이 풍부해지고 심문관의 심문이 정밀해진 것에 대한 반영일 것이다. 초기였던 1485년 『마녀를 심판하는 망치』와, 예를 들어 1595년 니콜라 레미의 『악마 숭배』와 1602년 앙리 보게의 『마녀론』과 같은 전성기의 서적을 비교하여 보면 그러한 경향을 더욱 확실하게 알 수 있다.

그 사례를 모든 마녀론이 가장 중시한 색마론으로 살펴보자. (방점은 필자가 찍음)

'색마가 이러한 추행을 할 때 그 모습이 마녀의 눈에 보일까, 보이지 않을까? 우리가 여태까지 알아낸 실례에 따르면 색마는 언제나 마녀에게 보이는 형태로 추행을 한다고 단언할 수 있다. ……들과 숲속에서 마녀가 배꼽이 드러나도록 옷을 벗고 하늘을 향하여 누워 있는 모습이 제3자에게 종종 목격된다. 그때 손발의 위치, 다리와 허리의 움직임이 성교와 그 절정을 보여준다는 데에는 의심의 여지가 없다. 하지만 제3자에게는 색마의 모습이 보이지 않는다.'(『마녀를 심판하는 망치』)

'남색마의 성기는 거대하고 대단히 단단해서 엄청난 고통 없이는 받아들일 수 없다고 모든 여성 마녀가 일관되게 증언했다. 1586년 11월 10일 아로쿠르에서 알렉세이 도리치는 그녀가 상대한 악마의 성기 길이는 반쯤 발기했을 때 절굿공이만 했다고 근처에 있던 절굿공이를 손가락으로 가리키며 자백했다.'(레미)

'보메 지구 베통쿠르에 구금되어 있던 안티드 콜라에게는 배꼽 아래쪽에 평범한 사람과는 전혀 다른 구멍이 있는 것이 발견되었다. 1598년 7월 11일에 레노 재판소 소장 니콜라 밀리에르 씨는 이 구멍을 검사했다. 그는 그의 부하 및 증인으로 불려 나온 앙투아네트 모건, 차네트 볼레, 및 클로딘 메네스트리의 입회하에 탐색용 바늘을 이 구멍에 깊이 찔러 넣었다. 그러자 그녀는 이 구멍으로 악마와 성교를 나눈 사실을 자백했다. ……이 마녀는 1599년 2월 20일에 산 채로 화형에 처해졌다.'(보게)

이 실례들은 결코 조작이 아니며 저자 본인이 재판관으로서 직접 재판했을 때 피고가 한 진실한 자백이라고 저자는 강조했다. 예를 들어 레미는 「서문」에서 다음과 같이 말했다.

'환상적인 꿈이 아닌 현실적인 사실이 여기에 있다. 전해들은 말에 근거한 판단이 아니라 육안으로 목격한 사실이 여기에 있다. 어떤 개인이 작위적으로 가공한 보고에 근거한 것이 아니라 자유를 가진 증인의 일관된 증언에 의해 확인된 사실이 여기에 있다. 이것을 읽고도 승복할 만한 증거가 아니라고 말하는 사람이 있다면 더 이상 그 어떤 말을 할 수 있겠는가. 하지만 나는 그러한 사람에게 말하고 싶다. 내 이야기는 일부분조차 결코 나의 상상이나 조작이 아니라는 것, 그렇기는커녕 나 자신이 이 중대한 마녀재판에 종사하는 동안에 내가 알았고 그리고 지금은 잊어버린 실례가 여기에 담긴 증거 이외에도 아주 많다는 것을.'

또 앙리 보게도 마찬가지로 자신감 있게 표명했다.

'나는 이 논구의 기초를 과거 2년 동안에 내가 직접 한 여러 마녀 재판에 두고 있다. 그들로부터 진상을 이끌어내기 위해서 나는 최대한 면밀하게 보고 듣고 또한 조사했다', '이 지침을 저술할 때 나는 여러 이단 심문관과 그 밖의 저서를 채용했다. 하지만 무엇보다 주요하게 채용한 것은 이 저주스러운 일파(마녀)와 관련된 나 자신의 경험이고 체험이다……', '내가 마녀의 이름을 공표한 것에 대해 이의를 제기하는 사람이 있다면 이는 별 대단한 문제가 아니라고 말하고 싶다. 관공서의 호적 담당자를 찾아가면 그들의 이름을 언제든지 알 수 있으므로……'

이처럼 정밀하고 풍부한 실례를 들며 진실성을 강조했으니 새로운 마녀 상이 점차 사람들의 마음속에 깊이 각인되지 않을 수 없었을 것이다. 이 가공의 마녀 상이 일으킨 마녀 선풍 속에서 헤아릴 수 없는 숫자의 남자와 여자가 화형을 당한 것은 비극이었다. 하지만 이 마녀 상 제작자 본인이 이를 실재라고 믿어 의심치 않은 것은 더더욱 비극이었다. 이 제작자들은 성실하고 경건한 일류, 적어도 이류 이하가 아닌 뛰어나고 훌륭한 사람들이었다. 기만하고 조작하려는 의도는 털끝만큼도 없었을 것이다.

파스칼은 말했다.

──'인간은 종교적 신념(Conscience)을 가지고 행할 때일수록 기뻐 신바람이 나며, 철저하게 악을 행하지는 않는다.'(『팡세[Pensées]』)

심문실의 광경

제3장
마녀재판

1. 마녀는 무엇을 했는가

판결문으로 보는 마녀의 소행

실제 마녀재판을 기술하기 전에 편의상 마녀의 소행을 먼저 정리하여 설명하겠다.

여기에 판결문 하나가 있다. 이 판결문에는 마녀의 소행 대부분이 망라되어 있으므로 이 장황한 판결문에서 관련되는 부분만을 발췌하겠다(이 판결은 프랑스의 이단 심문관 세바스찬 미카엘리스[도미니코 수도회의 수도사]가 마녀재판 절정기인 1582년에 남프랑스 아비뇽에서 18명의 남녀 마녀에게 내린 것이다).

'우리는 피고가 이 법정에 기소된 소인을 살펴보고, 그들의 진술과 자백을 증인들의 증언과 증거에 의거하여 심판하고 판단한 결과, 피고는 만물의 창조주인 삼위일체의 신을 부정하고 인류의 적인 악마에게 예배를 한 것으로 의견 일치를 보았다.

피고는 악마에게 몸을 바치고, (그리스도교의) 신성한 세례를 거부하였다. ……악마는 피고에게 새롭게 세례를 하였다.

또 피고는 악마에게 충성하겠다는 표시로서 피고의 의복 일부를 악마에게 주었다.

피고가 악마의 신하라는 표시로서 악마는 악마의 표식을 피고의 몸에 새겼다. 피고는 악마의 생명에 따를 것을 맹세하고, 주님의 초상과 십자가를 짓밟기로 약속하였다.

또 피고는 마왕의 명령에 따라서 악마한테서 받은 꺼림칙한 연고를 바른 지팡이를 다리 사이에 끼고 심야, 최악의 범행에 어울리는 시각에 악마가 지정한 장소에 모였다.

또 피고는 마녀집회에서 부정한 불을 피우고, 갖가지 주연을 열고, 춤을 추며 마왕을 신으로서 기리고 칭송하며, 무릎 꿇고 그에게로 다가가 불붙인 송진 촛불을 바쳤다. 그리고 실로 부끄러운 이야기지만, 불길한 그의 둔부에 최대의 존경을 담아서 입맞춤하였다. 그리고 악마야말로 진정한 신이라고 말하며 자신의 요구를 거절한 자와 마음에 들지 않는 자에게 보복하기 위하여 그에게 조력을 구하였다.

또 피고는 악마가 가르쳐준 마술과 주문으로 인간과 가축에게 위해를 가하고, 많은 갓난아이를 죽이고, 또는 악마의 힘을 빌려 모유 부족, 병약, 심각한 질병 등을 발생시킴으로써 인류에게 고통을 주었다.

또 피고는 자신의 아이를 마술로 질식시킨 후 찔러 죽였다. 그 후 밤을 틈타 은밀하게 묘지에서 시체를 파내어 앞서 언급한 마녀집회에 가져갔다. 그리고 왕좌에 앉아 있는 마왕에게 그 시체를 바치고, 그 지방을 짜내어 보관하고, 머리와 손발을 잘라낸 다음 몸통을 구워 악마의 명령에 따라서 꺼림칙한 그것을 먹었다. 그리고 남자 마녀는 여색마와, 여자 마녀는 남색마와 성교를 나누었다. 색마와 차가운 성교를 나눔으로써 피고는 지독한 수간의 죄를 범하였다.

이러한 용납받을 수 없는 지독한 대죄는 만물의 창조주인 전능한 신을 직접적으로 더럽히고 모독하는 것이다.

이에 우리 도미니코 수도회의 관구장, 신학 박사 플로루스 및 아비뇽 관할의 이단 심문 관장은 하나님 앞에 법정을 꾸리고 존경스러운 신학자와 법률가의 합법적인 지시에 따라서 이 명확한 판결문을 작성했다.

우리는 주 예수 그리스도와 성모 마리아의 이름으로 피고 및 그 공범자 모두는 진정으로 종교를 배신한 자, 우상 숭배자, 신성한 신앙에 반역한 자, 전능한 신을 부정한 자, 수간한 자, 최악의 죄인, 간통한 자, 간음한 자, 마법사, 마술사, 이단자, 악마의 눈을 가진 괴물, 살해범, 유아 살인자, 악마 숭배자, 악마교도, 악마의 법률 및 신앙자, 신을 모독한 자, 거짓 맹세를 한 자, 부도덕한 자, 그 밖의 모든 범죄와 위배를 범한 자로 판정되었음을 여기에서 단언하고 정식으로 선고한다.

이 선언에 의해 마왕의 수족인 피고와 그 공범자가 국가의 규정에 따라서 합법적으로 처벌되도록 이들을 국가의 법정에 넘기는 바이다.'

이 판결문에는 상투적으로 마녀가 한다고 여기는 행위 대부분이 총괄적으로 열거되어 있지만, 이 판결에 이르기까지 판결이 어떤 식으로 진행되었는지를 설명하기에 앞서, 조금 더 상세하게 해당 행위의 상세 항목을 들어가며 그 실례를 살펴보겠다.

인간과 가축에 대한 가해

　분말, 액체 또는 연고 형태로 독약을 만들고 이를 이용하여 악성 유행병을 유행시키는 등의 사회적 재액을 가져오는 것이 마녀가 하는 흔한 소행이었다.

　　(예) 16~17세기는 무서운 페스트가 남유럽에서 맹위를 떨친 시기였다. 1524년에 밀라노 및 근교에서 14만 명, 베네치아에서는 1575~1577년의 2년 동안 5만 명, 1630~1631년의 일 년간 4만 7000명 등이 사망한 것이 그 일례이다. 거리에서는 시체가 넘쳐났고 생존자는 거리낌 없이 강도와 약탈을 하는 참상이 벌어졌다. 이러한 악성 유행병은 종종 마녀의 소행으로 여겨졌고, 이때도 예외 없이 많은 마녀가 체포되어 화형에 처해졌다. 1598년에 밀라노에서 체포된 마녀 두 명은 소정의 목적을 위해 제네바에서 건너왔다고 자백하여 화형에 처해졌고, 몇 주 후에는 마찬가지의 경위로 두 명이 추가로 처형되었다. 1600년에 토리노에서 체포된 마녀 네 명은 주택의 문과 벽에 바르려고 만든 액체 독약을 숲에 묻어두었다고 자백하여 처형되었다. (몬테규 서머스, 『마법의 지역별 연구』, 1927년)

　개인적인 원한에 독물이 사용되는 것은 흔한 일이었다.

　　(예) 바르반(프랑스의 마을)의 프랑수아 페랭은 옆집에 사는 리베

로가 소유한 과수원의 배 여러 개를 줍다가 들켜서 얻어맞
았다. 이에 원한을 품고 리베로가 다니는 길에 독초를 두
었다. 이튿날 그 길을 지난 리베로는 즉시 병에 걸렸고, 머
지않아 몹시 괴로워하며 죽었다. 1588년 7월 페랭의 자
백. (레미, 전출)

　주문과 주물 등의 마력을 이용해서 사람과 가축에게 위해를 가
하는 사례는 특히 하층 계급의 마녀에게 많았던 듯하다. 1559년
부터 1736년까지 활동한 영국의 순회 판사의 현존 기록을 살펴보
면 중앙구(에식스, 하트퍼드, 켄트, 서리, 서식스의 다섯 주)의 마녀에 대한
기소장 790건 대부분이 이런 부류의 가해를 했다는 것이 이유였
다. (C. 이완 『마녀사냥과 마녀재판[Witch Hunting and Witch Trials]』, 1929년)

　　(예1) 아그네스 워터하우스, 과부. 1566년 10월 1일, 윌리엄 파
　　　　인을 마력으로 병들게 했고 11월 1일에 죽게 했다. 본인
　　　　자백. 교수형.
　　(예2) 마가렛 루만, 물레 짜는 여자. 1591년 5월 5일, 토마스 엘
　　　　름스테드 소유의 검은소(40실링 상당)을 마력으로 죽였다.
　　(예3) 앤 마틴, 물레 짜는 여자. 1652년 5월 19일, 리처드 와이
　　　　링의 딸 엘리자베스(생후 3년 9개월)를 7월 11일에 병들어
　　　　죽게 했다. 본인 자백. 교수형.
　　(예4) 노동자 토마스 윌슨 및 그의 아내 제인. 1648년 4월 1일,

로버트 클리포드 소유의 흰 돼지 세 마리(각 10실링 상당)를 마력으로 죽이고, 또 보리 약 50석을 썩게 만들었다. 합하여 금고 1년.

'그 어떤 병이든——한센병과 간질조차——마녀가 걸리게 하지 못할 병은 없다'(『마녀를 심판하는 망치』). 그중에서도 성과 관련된 것이 무척 많다. 『마녀를 심판하는 망치』는 마녀가 일으키는 병 중에서 성기와 생식에 관한 병(성교 불능, 남근 탈락, 유산, 불임 등)에만 다섯 장을 할애했고, '마녀는 남자한테서 남근을 어떻게 빼앗는가'라는 제목의 장에서는 신서판의 크기로 바꾸었을 때 약 15페이지에 해당할 분량의 지면을 할애하는 면밀함을 보였으며 풍부한 '실례'까지 곁들였다.

그 밖에 태풍을 일으키고, 폭우와 우박을 내리고, 번개를 내리쳐 사람과 가축, 농작물에 피해를 주었다고 자백한 사람도 있다.

마녀집회(Sabbat)

이 행사는 마녀와 악마가 결탁했다는 것을 더욱 구체적으로 증명하는 것이어서 모든 마녀론이 이에 대단히 많은 페이지를 할애했고, 또 재판권도 피고가 이에 참여했는지 그렇지 않은지를 추궁하기 위해 열을 올렸다. 왜냐하면 집회에 참여한 많은 공범자의 이름을 자백 받아낼 수 있다는 점에서 이 추궁은 무척 효율적인 방법이었기 때문이다.

장소는, 전설상으로는 독일의 브로켄산이 유명하지만, 실제 재판 때 등장한 곳은 인적이 드문 들, 숲속, 산꼭대기, 묘지, 빈집, 교회 등이었고, 간혹 시청사, 공회당도 이용되었다. 집회 일시는 전설에서는 일정하지만, 실제 재판 보고에서는 의견이 분분해서 피고의 자백이 일치하지 않았다.

'나는 내가 조사한 마녀가 모두 그렇게 말했기 때문에 목요일 밤이라고 굳게 믿고 있었는데, 다른 마녀의 자백을 읽어보면 월요일에 모인 경우도 있고 수요일에 모인 경우도 있고 때로는 일요일 밤에 모인 경우도 있었다. 이에 나는 마녀집회에는 정해진 일정한 날짜가 없으며 사탄의 명령에 따라서 언제든지 모인다는 결론에 도달했다.'(보게)

집회 시간은 거의 예외 없이 야간이었다.

'집회 시에 발생할 수 있는 치명적인 문제는 집회 준비 중에 닭이 우는 것이다. 닭이 울면 해산한다는 것이 절대 조건이어서 폐회가 가까워 오면 소악마들이 "서둘러 해산하라! 닭이 운다!"라고 외칠 때가 많았다고 어느 마녀가 자백했다.'(레미)

집회에 참여하기 위해 마녀는 모두가 잠든 조용한 집에서 아무도 모르게 빠져나가야 했다. 그래서 남편과 함께 자는 부인의 경우에는 특히 고생을 많이 했다. 주문을 외워 남편을 더욱 깊은 잠에 빠지게 하고, 움직일 때 나는 소리를 듣지 못하도록 남편의 귀에 악마의 연고를 발랐다고 다수의 마녀가 자백했다.

하늘을 날아서 참석하는 마녀는 집을 나서기 전에 온몸에 특수한 연고를 발랐다. 또 날아갈 때 타는 지팡이나 막대기에도 연고를 발랐다. 빠져나가는 출구는 일반적으로 창문 또는 굴뚝이었다. 집을 나서면 지팡이나 빗자루를 다리에 끼고 하늘을 날았다. 국경 너머 제아무리 멀리 떨어진 곳이라고 해도 눈 깜짝할 사이에 도착했다. 집회 장소에 갈 때는 하늘을 날아서 가기도 하지만, 산양, 개, 그 밖의 동물의 등을 타고 간다고 자백하는 경우도 있었다. 마녀가 하늘을 날으는 것은 사실이 아니라며 부정하는 사람도 적지 않았지만, 재판관은 마녀의 자백을 듣고 고무되어서 그 확신을 바꾸지 않았다.

『주교 법령집』은 공중 비행을 마녀의 망상으로 치부한다. 하지만 이를 근거로 마녀가 실질적으로 비행할 리 없다고 결론 내리는 어리석은 자가 있을까? ……『법령집』의 표면적인 표현만을 어루만지는 자는 모든 박사들의 의견, 아니, 성서의 가르침에조차 반하는 견해를 취할 자이다. ……우리가 심문한 브라이자흐 마을의 처녀는 이것은 상상 속에서도 가능하고 현실적으로도 가능한 일이라고 대답했다. ……'(『마녀를 심판하는 망치』)

집회 장소에 모인 마녀의 수는 때와 장소에 따라서 차이가 컸다. 어느 법정 기록에 따르면 50명에서 100명까지 차이가 난다고 되어 있다. 16세기의 지도적 신학자이자 『마녀론』(1523년)의 저자로 유명한 바로톨롬메오 스피나는 '집회에 모인 마녀 수가 6000명'이었다는 이야기를 들은 적도 있다고 했다. 또 1440년의 부르고뉴 집회에는 지팡이를 타고 날아온 마녀 1만 명이 모였다는 이례적인 자백도 있다.

악마 예배

이는 마녀집회에서 하는 중요한 행사이다. 이탈리아의 대표적인 악마론자 구앗초는 백과전서와 같은 서적 『마녀 제요(Compendium Maleficarum)』(1608년)에서 그 광경을 다음과 같이 묘사했다.

> '회중이 집합하면 그들은 먼저 등불을 밝힌다. 마왕에게 다가
> 가 예배하고 검은 촛불과 갓난아이의 탯줄 등을 마왕에게 바치
> 고 충성을 맹세하는 증표로서 마왕의 둔부에 입맞춤을 한다.'

둔부 입맞춤은 마녀의 이단 정신이 드러나는 가장 불쾌한 표현 방식으로서 재판관이 증오한 행위였다. 예배가 끝나면 신참자의 입문식이 행해졌다. 악마와 한패가 되는 '계약'을 맺는 것은 이때였다.

악마와의 '계약'

악마의 계약이 어떤 것인지를 보여주는 계약서가 소수 현존한다. 여기에서 소개할 것은 프랑스의 신부 위르뱅 그랑디에에 대한 마녀재판(1630년 6월 2일 고발, 1634년 8월 18일 산 채로 화형)이 진행되었을 때 루덩 법정에 증거로 제출된 것이다(오늘날까지 잔존하는 악마와의 계약서는 극히 드물다. 잉글랜드와 스코틀랜드의 법정 기록에서는 전혀 찾아볼 수 없다. 왜냐하면 마녀가 재판에 회부되면 악마가 마녀를 위해 계약서를 태워버리기 때문이라고 마녀론은 말한다).

이 계약서는 그랑디에의 '충성 맹세'와 '악마의 허가'의 2부로 구성된다. 둘 다 라틴어 약자 철자로 적혀 있는데, 후자는 다빈치의 『메모장』처럼 좌우가 바뀐 소위 '거울 문자'로 적혀 있다.

(악마의 허가서)

우리의 전능한 루시퍼(마왕)는 사타나스, 바알세불, 리바이어던, 엘리미, 아스타로드 및 그 밖의 악마를 시중으로 거느리고, 금일 우리에게 가담할 위르뱅 그랑디에의 맹약을 승인하였다. 우리는 그에게 사랑하는 여자, 꽃 같은 처녀, 순결한 수녀, 세속의 명예, 기쁨과 즐거움 및 부를 줄 것을 약속한다. 그는 사흘마다 간음하여야 한다. 그 흥분은 그에게 중요한 것이 되리라. 그는 일 년에 한 번, 그의 피로 된 표식이 있는 공물을 우리에게 바칠 것, 또 교회의 성찬을 발로 짓밟고 우리에게 기도할 것을 약속한다. 이 약속으로 그는 20년간 지상의 인간들 사이

악마와의 계약서(악마의 허가서)

에서 행복하게 살고, 이윽고 우리에게로 와서 신을 저주하리라. 지옥의 악마 회의에서 이와 같이 약속한다.

(서명) 사타나스, 바알세불, 루시퍼, 엘리미, 리바이어던, 아스타로드.

악마 및 지옥 제왕의 서명과 날인을 인증한다.

기록담당자 : 발베리드 부서

(충성 맹세)

우리의 신이며 주님인 루시퍼. 나는 당신을 나의 신 그리고 왕으로 받아들이고 내가 살아 있는 한 당신에게 봉사하고 따를 것을 약속한다. 또 나는 예수 그리스도뿐 아니라 당신 이외의 신을 부정하고 모든 성도, 모든 사도, 로마 교회, 모든 성찬을 부정한다. 또 그리스도교도가 나를 위하여 행한 모든 기도와 바람을 거부한다. 내가 할 수 있는 한 많은 악을 행하고 모든 인간을 악으로 끌어들일 것을 당신에게 약속한다. 나는 견진성사, 세례, 그 외 기타 등등, 예수 그리스도와 그 성도의 모든 공덕을 부정한다. 만약 내가 당신을 섬기고 당신을 숭상하는 일을 게을리하고 또 신하로서의 예를 매일 세 번 당신에게 올리는 것을 게을리한다면 나는 나의 생명을 당신에게 바칠 것을 이 해 이날에 맹세한다.

지옥에서 끌려나온 위르뱅 그랑디에

마녀는 본인의 피로 사인하는 것이 보통이다. 글을 쓸 줄 모르는 자는 십자가(+) 또는 동그라미(○)를 그렸다. 그리스도교 신앙을 전면적으로 거부한다. 심신을 모두 악마에게 바치고 악마를 신으로서 섬기고 따른다. 그 대가로 마력을 획득하고, 모든 현세적 욕망이 충족될 것을 보장받는다. ──이것이 악마와 맺는 계약의 기본적인 조건이었다.

(사족을 덧붙이자면, 파리국립박물관에 현존하는 이 '계약서' 및 이와 비슷한 부류는 어떠한 '사실'과 관련된 진짜가 아닐까? 예를 들어 이단적──혁명적──인 음모에 관한 서약의 혈판장이 아닐

악마와의 계약서(충성 서약)

까라는 억측을 나는 지금도 떨쳐버릴 수 없지만, 몇 년 전(1965년)에 뉴욕에서 R.H. 로빈스 박사(중세 문학 연구가이자 『마법과 악마론의 백과사전[The Encyclopedia of Witchcraft and Demonology]』[1959년]의 저자. 이 책이 현존한다는 것을 안 이후로, 나는 박사로부터 편지로 많은 가르침을 받았다)를 방문하여 이 억측에 대해 의견을 묻자 그는 일언지하에 "유죄로 날조하기 위한 재판관의 창작이다!"라고 단언하며 나의 억측을 부정했다. 그리고 미국에서도 유대인을 배척하기 위해 극우 정치가가 유포한 '시온 의정서'라는 것이 있는데, 이 의정서도 유대인을 공격하는 측의 창작이었다. 또 영국에서는 스탠리 볼드윈이 노동당의 신용을 실추시킴으로써 선거를 자신에게 유리하게 이끌기 위해 소련의 지노비예프(Grigory Yevseyevich Zinovyev) 서간이라는 것을 창작해냈다. 일본에도 이러한 사례가 있을 것이라고 그는 말했다.)

마녀집회는 그 후 시끌벅적한 향연으로 넘어간다. '그는 식탁에 앉아 악마가 준비해놓은 음식 또는 지참해온 음식을 먹기 시작한다. 하지만 이 식탁에 동석했던 자가 한결같이 고발한 바에 따르면 음식은 겉모양도 흉하고 냄새도 역해 제아무리 배가 고파도 구역질이 날 지경이었다.'(구앗초)

식사가 끝나면 춤을 춘다. 마녀들은 손을 잡고 원형이 되어 춤을 추는데, 일동은 등이 원의 중심을 향하도록 손을 잡는다. 따라서 타인과 얼굴을 마주하지 않는 것이 이 춤의 특징이다.

악마와의 성교

춤이 끝나면 마녀의 향연은 색마와 마녀의 무차별적 성교로 넘어간다. 색마에는 여자 마녀와 성교하는 남색마(incubus)와 남자 마녀와 성교하는 여색마(succubus)가 있다. 악마론에 따르면 이 색마는 소악마 중에서도 가장 계급이 낮은 하급 악마에 속하는데, 마왕(사탄)과 성교를 나누었다는 마녀의 자백도 수두룩하다.

'춤이 끝나면 소악마들은 각각 마녀와 잤다. 소악마 중의 하나는 춤 상대였던 마녀를 안고 입맞춤을 두 번 했고 반 시간이 넘도록 성교를 나누었는데, 그의 정액은 얼음처럼 차가웠다(피에르 드 랑크르의 『절조 없는 악마』[1612년]에 나오는 마녀의 자백. 랑크르는 1608년부터 남프랑스 라부르 지방에서 마녀를 적발해내는 일에 종사하며

600명을 불태워 죽였고, 그 경험에 근거하여 600페이지에 달하는 이 책 외에 2종의 마녀론을 저술한 세속 재판관이다).

성교는 악마와 마녀 사이에서만 이루어진 것이 아니었다.

'춤이 끝나면 마녀끼리 서로 성교를 하기 시작한다. 아들과 어머니, 오빠와 여동생, 아버지와 딸끼리 성교를 나누는 데 아무런 거리낌도 없다. 마녀에게 근친상간은 예삿일이었다. 그 밖에 세간에 알려져 있는 갖가지 종류의 음탕한 짓이 마녀집회에서 이루어졌다고 상상해도 무방하다. ……

내가 입수한 마녀의 자백에 근거했을 때 나는 이것이 사실이라고 생각한다. 피고들은 마왕과 성교했다고 인정했고, 또 마왕의 정액은 몹시 차가웠다고도 진술했다. ……또 자케마 파지에는 함께 잔 마왕의 성기를 여러 차례 움켜쥐어 보았는데, 그것은 얼음처럼 차갑고 길이는 손가락만 했으며 인간의 그것만큼 두툼하지는 않았다고 덧붙였다. ……'(보게)

'1588년 7월 31일에 디디시아는 다음과 같이 자백했다. —— 저는 다년간 남자를 경험했지만, 악마의 거대한 그것에는 언제나 상처를 입어 시트가 축축하게 젖었습니다.'(레미)

마녀재판관은 악마와 마녀의 성관계를 일일이 피고의 이름과 날

짜를 명시해가며 기록했다. 성관계 심문에 대한 그 열의와 분량에는 혀를 내두르지 않을 수 없다. 거기에 기록되어 있는 자백은 거의 여성 마녀의 자백이다. 재판관의 관심이 전적으로 여성 피고에게 쏠려 있었음을 말해준다. 악마의 성기 크기, 단단함의 정도, 정액의 온도, 분량, 마녀가 느낀 쾌감과 불쾌감 등 모든 마녀론이 예외 없이 정밀한 논증과 실화를 발표했고, 이는 종종 외설적인 서적과 다름없을 정도였다.

루도비코 마리아 시니스트라리의 『색마론』(1700년)은 악마와 인간 간의 성 과학 서적이다. '나는 목격자이다. 남들은 믿을 수 없겠지만, 나는 신에게 맹세하고 진실만을 말했다'고 보증까지 한 색마와 수녀의 교섭 이야기는 그야말로 호색 서적 그 자체였다. 저자 시니스트라리(1622~1701년)는 로마의 이단 심문 고문, 아비뇽의 대주교 총대리, 밀라노의 대주교 소속 신학자였다. 결코 실없는 인물이 아니었다. 또한 이 저자는 악마와 인간(여성) 사이에서 태어난 유명한 인물로 플라톤, 알렉산드로스 대왕, 마르틴 루터의 이름을 들었다.

덧붙여 말하자면, 뉴턴의 『자연철학의 수학적 원리(프린키피아, Philosophiae Naturalis Principia Mathematica)』(1687년)가 등장한 시대에 어울릴 법한 경향이 흥미롭게도 색마론에도 영향을 끼쳤다. 그러한 사례 중의 하나로 영국 철학자 헨리 모어의 소위 '원자론적' 색마론의 한 구절을 인용하겠다.

'악마의 육체는 다름 아닌 응고된 공기이므로 응고된 물(즉 눈과 얼음)과 마찬가지로 차가울 것이다. 하물며 물 입자보다 더욱 세밀한 입자로 구성되어 있으므로 이는 한층 날카롭게 찌르는 듯한 냉기를 가지고 있을 것이다. 따라서 그것(악마의 육체)은 한층 진입하기에 적합하며, 한층 정확하고 자극적으로 신경에 작용하고 흥분시킨다.'(『무신론 해독제[An Antidote Against Atheism]』, 1653년)

마녀 마크

마녀집회에 출석한 신참 마녀는 악마와 결탁했다는 표식으로 몸의 특정 부위에 소위 '마녀 마크'가 새겨졌다. 이 마크는 마녀재판에서 대단히 중요한 의미를 가졌다. 이는 유죄로 추정되는 몹시 유력한 증거가 되기 때문이었다. '단, 마크 표식을 받지 못했다는 마녀도 있었다. 그로즈 자쿠도 그중의 한 명이었으며, 그녀는 죽음 직전에 참회하며 나에게 분명히 그렇게 단언했다.'(보게), '이 마크의 형태는 일정하지 않다. 때로는 토끼, 개구리 다리, 때로는 거미, 강아지, 쥐 모양이었다. 대개 몸의 은밀한 부위에 새겨졌다. 남자의 경우에는 눈꺼풀 뒤, 겨드랑이 밑, 혀, 어깨, 엉덩이 등에 새겨졌고, 여자의 경우에는 가슴 또는 음부가 보통이었다. 이 마크는 악마가 손톱으로 새긴다.'(시니스트라리)

이 마크를 발견하기 위해 재판관은 마녀를 나체로 만들어야 할

뿐 아니라 머리카락, 겨드랑이털, 음모 등 전신의 털을 미는 것이 예사였다. 이 마크가 있는 부위는 감각이 없기 때문에 커다란 바늘로 깊이 찔려도 고통을 느끼지 않는다.

바늘로 찌르기

그래서 이 마크가 시각적으로 발견되지 않을 시에는 전신을 바늘로 찔러 무감각한 부위를 찾는 것이 유력한 방법으로 이용되었다.

바늘로 찌른 신체검사서의 일례를 소개하겠다. 이는 마르세유의 젊은 신부 루이 고프리디와 수녀들의 성관계에서 발단된 유명한 사건이 발생했을 때 내과 의사 두 명과 외과 의사 두 명이 감옥 안에서 실시한 신체검사 보고이다.

'하기에 서명한 우리 내과 의사 및 외과 의사는 고등법원의 국왕 고문관 앙투아즈 드 트롱 각하가 직접 내린 하명에 따라서 루이 고프리디의 감옥을 방문했고 그의 몸에서 피부색과 크게 다르지 않은 세 개의 반점을 발견했다. 첫 번째 반점은 오른쪽 넓적다리 아래쪽의 중앙에 있었다. 이 부분을 손가락 두 개 폭 (손가락 하나의 폭은 약 2.5센티미터) 깊이만큼 바늘로 찔렀지만, 그는 아무런 고통도 느끼지 않았고 또 피 및 그 외의 체액이 나오는 것도 목격되지 않았다.

두 번째 반점은 오른쪽 둔부, 척추에서부터 손가락 하나 폭,

넓적다리로부터 약 손가락 네 개 폭 상부에 있었다. 우리는 이 부분에 손가락 세 개 폭의 깊이만큼 바늘을 찔러 넣었고, 앞서와 마찬가지로 한동안 그대로 방치했다. 하지만 그동안 고프리디는 아무런 고통을 느끼지 않았고 혈액 및 그 외 체액이 나오는 것도 목격되지 않았다.

세 번째 반점은 심장부에 있었다. 처음으로 바늘을 찔렀을 때는 앞서와 마찬가지로 아무런 감각도 느끼지 않았지만, 다소 힘을 주어서 그 부분을 바늘로 찌르자 그는 고통을 느꼈다. 하지만 이번에도 체액은 전혀 분비되지 않았다. 이튿날 이른 아침에 재차 그를 방문했지만, 바늘로 찔렀던 부분은 붉지도 않았고 부어 있지도 않았다. 우리의 판단으로는 바늘로 찔러도 체액이 나오지 않고 피부가 무감각한 것은 기존에 앓던 피부 질환에 의한 것이 결코 아니라는 결론이다. 이 판단에 따라서 여기에 이 보고서를 제출한다.

1611년 3월 10일

내과 의사 : 퐁텐, 그라시

외과 의사 : 메링돌, 본탕

스코틀랜드의 왕 제임스 6세도 마녀 마크가 있는지 확인해볼 것을 명했다. 1590년부터 1592년까지 국왕이 몸소 마녀재판 심문에 임했는데, '연좌된 하녀 한 명이 결코 자백을 하지 않았다. 이에 관리가 꼼꼼하게 신체검사를 한 결과, 그녀의 목 앞부분에서 마녀 마크를 발견했다. 마녀 마크가 발견되기에 이르자 그녀도 드디어 모든 것을 자백했다.'(『스코틀랜드 소식』, 1591년)

이 마녀사냥왕은 나중에(1603년) 잉글랜드 왕을 겸했는데(제임스 1세로서), 혈액순환론으로 근대 생리학의 문을 연 윌리엄 하비가 그의 왕실 소속 의사였다. 하비는 차기 왕 찰스 1세의 시대에도 왕실 소속 의사로 계속 근무했다. 찰스 1세의 시대는 여왕 엘리자베스 1세의 시대와 함께 잉글랜드 마녀 선풍의 절정기이기도 했는데, 1633년에 랭커셔에서 30명 이상의 마녀가 체포되었고 그중에서 마녀 마크가 발견된 16명이 유죄 판결을 받은 사건이 있었다. 이 사건과 관련해서 하비와 국왕이 직접 신체검사를 실시했는데 마크는 발견되지 않았다. 근대적 과학자인 그가 바늘로 찌르는 검사를 했는지 여부는 안타깝게도 알 수 없다.

바늘로 찌르기가 마녀인지를 판단하는 유력한 수단으로 중시되었기 때문에 바늘로 찌르기 전문가가 생겨났다. 특히 이 마크를 중요시한 스코틀랜드에서는 바늘로 찌르기 업자의 정식 조합이 조직되었다. 전문가의 바늘로 찌르기 검사 비용은 마크가 발견된 마녀 한 명당 20실링이었다. 잉글랜드의 노섬벌랜드에서는 3파운드로까지 가격이 올랐다. 독일의 유명한 바늘로 찌르기 전문가의 기록에는 마녀 한 명당 마크 검사료 2플로린을 받았다는 기록도 있다.

잉글랜드에서는 바늘로 찌르기가 공식적으로는 허용되지 않았지만, 비공식적으로는 대대적으로 유행했는지 1662년에 바늘로 찌르기 금지 명령이 떨어졌다. 그 때문인지 돈벌이를 하러 잉글랜드에서 스코틀랜드로 건너가 폭리를 취한 바늘로 찌르기 전문가도 있다.

'마녀 색출 대장'이라는 별명을 가진 매튜 홉킨스의 악명은 잉글랜드 마녀재판 역사에서 떼려야 뗄 수 없다. 그는 피고를 갖가지 방법으로 고문해서 자백을 받아내는 전문가였다. 그는 마녀사냥 장인으로서 각지로부터 초청을 받았고, 조수 존 스턴을 데리고 동분서주했다. 1645년부터 1647년까지의 3년 동안에 1000파운드의 수익을 올렸다고 전해진다. 잉글랜드의 순회 재판 기록에서 이 마녀 색출 대장의 서명이 중간중간 관찰된다.

(예1) 1618년 3월 18일에 장 메첼더는 윌리엄 쿡에게 마법을 걸어 그날로 사망에 이르게 했다. 사실과 인정. 증인, 매튜 홉킨스(그 외 세 명 생략). 교수형.

(예2) 1645년 6월 25일. 앤 리치, 과부. 리차드 에드워드의 아들 존에게 마법을 걸어 7월 5일에 사망에 이르게 했다. 사실과 인정. 증인, 매튜 홉킨스, 존 스턴(그 외 두 명 생략). 교수형.

바늘 찌르기 전문가는 수익을 늘리기 위해 부정한 도구를 사용하기도 했다. 용의자의 몸을 찌르면 침이 몸통 안으로 들어가는 바늘을 만들어 사용했다. 피부를 찌르지 않으므로 고통도 주지 않았고 피도 나오지 않았다. 결과적으로 감각 없는 마녀 마크를 발견하는 장치였다. 홉킨스도 이 부정한 기구를 써서 큰돈을 벌었다. 의혹의 눈으로 그를 바라보는 세간 사람들이 점점 많아졌고, 어느 수도사에 의해 그의 잔학함과 부정이 폭로되어 은퇴했지만, 세상 사람들의 비난에 대응하기 위해 『마녀의 발견』이라는 석명을 담은 작은 책자를 집필했다(1647년). 이 책의 표제지에는 이 시대에 유명했던 '마녀를 살려두어서는 아니 된다'라는 성구를 인쇄해 넣었다. 하지만 이는 말할 것도 없이 신을 공경하는 마음으로 행한 합법적 행위인 척하려는 구차한 변명에 지나지 않았다.

이상에서 언급한 것이 악마와 결탁한 마녀가 범한 모든 죄상이다. 신의 나라를 악마로부터 지키기 위해 이러한 말도 안 되는 죄를 필사적으로 추궁한 마녀재판관의 모습은 풍차의 날개를 향해 진지하게 창을 들고 돌격한 돈키호테를 떠오르게 한다. 돈키호테의 창이 찌른 것은 기껏해야 풍차겠지만, 마녀재판의 창에 찔린 것은 안타깝게도 수만 명의 마녀였다.

2. 구원 없는 암흑재판

마녀재판은 로마 가톨릭교회의 이단 심문의 일부이자 그 연장선이었으므로 당연히 재판 방법도 에이메리히와 토르케마다에 의해 확립된 심문 규정과 심문 방법을 이어받았다.

단, 이단 심문에서는 이단 사상이 적발해야 할 추궁 대상이 되었지만, 마녀재판에서는 앞장에서 망라한 마녀 행위가 대상이 되었기 때문에, 심문 시 양자 사이에는 큰 차이가 발생했다.

그렇다면 마녀재판은 어떻게 진행되었을까?

체포

재판은 먼저 용의자를 체포하는 것에서부터 시작된다. 용의자를 체포하는 것은 교회법이 인정하는 다음의 세 가지 경우이다.

    (1) 누군가가 어떤 자의 이단죄를 재판관에게 고발하거나 또는 그 죄를 입증하겠다고 신청한 경우.

    (2) 누군가가 어떤 자의 이단죄를 밀고하기는 했으나, 그 죄를 입증하거나 그 사건에 관계되기는 원치 않는 경우.

    (3) 고발도 밀고도 없었지만, 어떤 자가 이단을 행한다는 '세간의 소문'이 있을 경우.

그런데 실제로는 제1의 경우는 지극히 드물었고, 또 재판관 측에서도 이 경우에는 경계하는 마음으로 사안을 바라보았다. '재판관은 제1의 경우를 무심코 인정해서는 아니 된다. 제1은 그 고발이 심앙심에서 나오지 않는(즉 중상모략을 목적으로 하는) 경우도 있기 때문이다.'(『마녀를 심판하는 망치』) 따라서 실제로는 제2와 제3, 특히 제3의 경우가 가장 많았다. 마녀재판이 암흑재판이 된 원인 중의 하나는 무엇보다 여기에 있다.

밀고

이단 심문 제도가 성립된 이래로 심문관은 갖은 수를 다 써가며 밀고를 장려했다. 심문 규정에 따르면 14살 이상의 남자, 12살 이상의 여자에게는 이단을 고발할 의무가 있으며, 이 의무를 게을리 하는 것은 '간접적인 이단'이었다. 마녀재판 기록에서 부모 자식, 부부, 형제, 사제, 주종끼리 서로 밀고한 사례가 숱하게 관찰되는 것은 이 때문이다. 에이메리히는 "이단에 있어서 동생이 형을, 자식이 부모를 고발하는 것은 모든 윤리학자가 그래도 된다고 승인한 행위이다. ……아버지가 국가의 적이 된 경우에 그 자식이 부모를 죽이는 것은 올바른 일이다. 그렇다면 (신에 대해) 이단죄를 범한 부모를 그 자식이 고발하는 것은 그보다 몇 배는 옳은 행위일 것이다!"라고 말했다.

> (예1) 피고 우르술라 켐프(독신 여성)가 앨리스 뉴먼과 공모하여 근처에 사는 처녀 두 명과 부인 한 명을 마법을 써서 병에 걸려 죽음에 이르게 만들었다며 그들의 범행을 밀고한 자는 그의 아들(사생아)이고, 나이는 8살이었다(1582년, 잉글랜드의 기소장. 모친은 교수형에 처해짐).

(예2) 피고 시슬리야(기혼 여성)가 마법을 써서 다른 집의 곡물 창고와 곡물을 소실시켰다고 밀고한 자는 그의 아들 두 명이었으며, 각각 7살과 8살이었다.

위의 사례처럼 심문 규정이 정하고 있는 연령 제한을 깬 사례도 흔했다.

부모를 고발한 자식에게는 이단자의 가족이 받아야 하는 처벌을 면죄 받는 특전이 주어졌다. 또 피고에게는 밀고자의 이름을 알리지 않는 것이 재판관의 소양 중의 하나였다. 모두 밀고를 장려하기 위한 배려였다. 또 밀고 내용의 신빙성에 관해서는 '고발자로서가 아니라 밀고자로서 찾아온 이상, 설령 그 말을 입증할 수 없더라도 밀고자가 벌 받는 일은 결코 없을 것이라고 재판관은 일반 고시를 할 때 그 안에 특기해야 한다.'(에이메리히)

'세간의 소문'

제3의 경우인 '세간의 소문'은 재판관이 판단을 내리는 유력한 근거가 되었고 또 용의자를 체포할 충분한 이유가 되었다. 고발자가 누구인지를 피고에게 알리지 않는 것은 상대에게 반론할 귀한 기회를 빼앗기는 것을 의미하므로 피고로서는 더없이 불리한 일이었다. 하물며 고발자가 '세간의 소문'이라는 실체를 파악할 수 없는 존재인 경우에는 피고는 손을 쓸 수 있는 방도가 더더욱 없었다. 게다가 『마녀를 심판하는 망치』에 따르면 제3의 경우가 가장 많았다고 한다. 또 재판관은 '소문'의 진실성 확인을 전혀 중요하게 고려하지 않았다.

'마녀의 죄는 다른 범죄와 달리 세간에 퍼져 있는 소문의 진실성을 확인하기 위해 탐색할 필요가 없다고 생각한다. 왜냐하면 마녀의 죄는 "각별한 죄"라 불리는 입증하기 힘든 죄이고, 증인으로 소환되는 법률학자조차 타당하게 입증하기 곤란할 정도로 수월하지 않은 죄이기 때문이다. ……'(보게)

자수

이단 심문 규정은 여러 가지 벌칙과 특전으로 자수하길 권했다. 세간의 소문에 오르내리면서도 자수하지 않는 경우에는 이단죄에 '고집의 죄'가 추가되었다. 따라서 세상 사람들의 입에 오른 용의자는 해당 지역의 교회와 관청에 스스로 제소하고 자신의 결백 여부를 재판받아 마땅하다는 것이 원칙이었지만, 그러나 실제로 자진해서 자수하는 사례는 극히 적었다. 왜냐하면 자수를 통해 '결백'이 밝혀질 가능성이 없다는 것을 누구나가 알고 있었기 때문이다.

1659년에 프랑스의 바이율이라는 마을에서 토마 르팅(60살)이 마녀라는 소문이 나서 스스로 자수하여 재판받은 상세한 기록이 있다. 이에 따르면 르텅은 "무죄를 입증할 증거를 제출할 의지가 있는가? 또 변호를 의뢰할 뜻이 있는가?"라는 재판관 측의 질문에 "그럴 뜻 없습니다!"라고 대답하고 "저는 재판관이 말씀하시는 그런 부류의 죄를 지은 기억이 전혀 없지만, 어떤 판결이 떨어지든 잠자코 받아들이겠습니다. 하지만 재판관님께서 사후에 지옥으로 떨어지지 않도록 신중하게 재판하시는 게 좋을 것입니다"라고 당당하게 받아쳤다. 결국 그 후 잔학한 고문을 견디지 못하고, 마녀 집회에 출석한 것, 언제나 세, 네 명의 아름다운 여성과 함께 동행했으며 그중의 한 명과 성관계를 가진 것, 악마로부터 녹색 연고를 받았고 이를 바른 빗자루를 타고 하늘을 날은 것……등등을 거짓으로 자백했다. 그러나 고문으로 인한 경부 골절로 자백한 지 나흘 만에 옥중에서 사망했다. 사체는 마차에 실려 형장으로 운반되었고, 모두가 보는 앞에서 화형에 처해졌다(제1차 심문 9월 21일. 화형 11월 6일). 이 인물은 자수한 순간부터 이미 최후를 각오했음에 의심의 여지가 없다. 이는 몹시 드문 자수 사례 중의 하나이다.

투옥

체포된 용의자는 그대로 감옥에 투옥되었다. '최대한 좁고 어두운 감방에 감금하여야 한다. 감옥에 갇힌 고통으로 마녀, 특히 젊은 마녀가 자백하는 경우가 많다는 것은 이미 증명된 사실이다.'(보게) 일반적으로 법적 판결이 나지 않은 상태로 구금되어 있는 피의

자가 수형자보다 훨씬 상황이 지독했다고 말하는 것도 이 때문일 것이다. 감옥에 갇힌 고통은 자백을 강요하기 위한 일종의 고문이었다.

재산 조사

용의자의 체포 및 투옥과 동시에 관재 관리와 공증인은 용의자의 집을 방문하여 동산, 부동산, 채권, 채무를 상세하게 조사하여 기록으로 남겼다. 재산 몰수를 위한 준비였다. 이단의 본질과 아무런 관련도 없는 재산 몰수가 이단 심문(따라서 마녀재판)과 실제로 얼마나 밀접하게 관련되어 있었는지는 뒤에서 상세하게 다루겠다.

증언

마녀재판의 암흑은 증언과 변호의 관계에서 더욱 짙게 나타났다.

'신앙 관련 재판에 있어서는 파문을 선고받은 자, 피고의 공범자 또는 유명한 악당과 전과자 및 그의 부하 등도 피고에게 불리한 증언을 하는 경우에 한하여 증인으로 인정되었다. 이단자가 다른 이단자의 죄를 증언하는 것이 허용된 것과 마찬가지로 마녀도 다른 마녀의 죄를 증언할 수 있었다. 단, 이는 다른 증거가 없는 경우에 한하였으며, 이 증언은 변호를 위해서가 아니라 고발을 위해서인 경우로 한정되었다. 이는 피고의 아내, 자식 및 친족이 증언하는 경우에도 마찬가지였다.'(『마녀를 심판하는 망치』)

'마녀의 죄에 대해서도 온갖 종류의 사람이 증인으로 인정되었다. 공범자까지도 인정되었다. 그런 데에는 이유가 있었다. ……마녀의 범행 대부분은 한밤중에, 하물며 은밀하게 이루어지기 때문이었다. 고로 마녀집회와 야간 집회에 관한 증인으로 공범자보다 더 적합한 자는 없다.'(보게)

'이 범죄에 있어서는 사춘기(남자는 14살, 여자는 12살)에 이르지 않은 어린이의 증언도 배척하여서는 아니 된다. 왜냐하면 마녀는 제아무리 어리더라도 자신의 자녀를 근처에 사는 아이와 함께 마녀집회에 데려간다는 것이 우리가 모두 아는 사실이기 때문이다. ……자신의 태내에 있을 때 이미 마왕에게 바칠 것을 맹세한 아이를 어찌 마녀집회에 데려가지 않겠는가. 마녀집회에 출석한 자가 가장 적절한 증인이라면 이들 어린이의 증언도 당연히 인정하지 않아선 안 된다.'(보게)

뉴잉글랜드 '세일럼의 마녀 사건'(1692년)의 증인 엘리자베스 패리스는 9살, 애비게일 윌리엄스는 11살, 앤 퍼트넘은 12살이었다.

잉글랜드의 '세인트 오시트의 마녀 사건'(1582년)에서는 그야말로 6살부터 9살 아이들의 증언까지도 모조리 채택했다.

니콜라 레미는, 마녀로 판정되어 화형에 처해지는 어머니의 모습을 그 아이에게 보여준 다음 발가벗겨 채찍질을 세 번 하는 것이 보통이었는데, 레미가 만년에 이르러 통절하게 후회한 것은 그 아이들에게 '지나치게 관대했던 것', 그래서 아이들을 '화형에 처하지 않은 것'이었다.

마녀를 박멸하기 위해서는 악마의 피를 이어받은 아이를 살려두어서는 안 되었기 때문이다.

변호

피고는 변호인을 의뢰할 수 있다. 하지만 증언의 경우와 마찬가지로 피고에게 유리한 변호는 기대할 수 없었다.

'변호인은 피고가 희망하는 자로 임명하지 않도록 주의하여야 한다. ……재판관에게 동조하는 변호인에게만 변론을 허가하라. 그렇지 않으면 허락하여서는 아니 된다. ……무엇보다도 변호인은 사건의 성질을 잘 조사하여야 한다. 만일 변호하는 일이 부정한 일이라는 것을 알았을 경우에는 변호를 거절하여야 한다. ……이단을 변호하였다가 파문되지 않도록 재판관은 변호인에게 경고를 해주어야 한다. 그렇지 않으면 변호인은 마녀보다 더 두려워하여야 할 죄를 짓게 될 것이다. ……이미 이단 의혹을 받고 있는 자를 부정하게 변호하는 변호인은 이단 옹호자가 된다.'(보게)

원칙적으로는 변호가 허용되지만, 이단 의혹을 받을 위험을 감수하면서까지 변호 역할을 받아들일 자가 있을 리 없었다.

대답할 수 없는 심문

피고를 유죄로 판정하는 가장 유력한 근거는 피고의 '자백'이었다.

'피고를 유죄로 결정하는 데는 네 가지 방법이 있다. 즉, (1)증언, (2)직접적 사실에 의한 증명, (3)간접적 사실에 의한 증명, (4)마녀 자신에 의한 자백이다. ……하지만 이상의 (1)~(3)은 피고가 자백하지 않는 경우에 유효하며, 피고가 자백하면 그 자백만으로 유죄 결정을 내릴 수 있다.'(『마녀를 심판하는 망치』)

이번에는 마녀재판의 핵심인 심문에 대해 살펴보겠다. ──다음과 같은 재판관의 심문에 피고는 대체 어떻게 대답하고 무엇을 '자백'해야 할까? 심문의 일례를 들겠다. 이는 엘자스 콜마르(프랑스 동북부에 위치하는 마을)의 재판관이 3세기 동안이나 지속한 29항목으로 구성된 심문 목록의 발췌이다.

1. 마녀가 된 지 몇 년째인가?
2. 마녀가 된 이유는 무엇인가?
4. 네가 고른 남색마의 이름은 무엇이었는가?
6. 악마에게 무엇을 서약하였는가?
9. 마녀집회에는 어떤 악마와 사람이 참가하였는가?
10. 집회에서는 무엇을 먹었는가?
22. 공범자는 누구인가?
23. 빗자루에 바른 연고는 무엇으로 만들어졌는가?

이와 같은 심문에 "모릅니다. 저는 아는 것이 없습니다" 이외에 무슨 대답을 할 수 있을까? 하지만 재판관에게 '자백'은 무엇보다 결정적인 증거였다. 이에 더욱 혹독한 심문, 즉 '고문'을 했다.

고문

고문이야말로 이단 심문 기구의 중핵이었다. 고문이 국법으로 금지된 잉글랜드에서는 이단 심문 제도가 뿌리내리지 못해 희생자가 다른 나라와 비교되지 않을 만큼 적었다. 이는 고문이 얼마나 중요한 수단이었는지를 말해준다.

고문 사용의 여부를 두고 로마 교회 내부에서도 일찍부터 의견이 분분했다. 중세 전기에는 아우구스티누스를 비롯하여 고문으로 이단을 박멸하는 것에 일반적으로 반대했으며, 지령으로 고문을 제한한 교황도 있었다. 하지만 앞서 언급한 바와 같이 12세기 무렵부터 이러한 관용이 사라지기 시작했고, 대대로 이단 심문 현장에 종사한 심문관들은 고문의 적용을 가장 효과적인 심문 방법으로서 공인하고 장려했다.

고문 적용과 관련된 규칙이 다소 있었으나, 그 규제를 빠져나갈 길은 얼마든지 있었다. 예를 들어 고문으로 피고에게 출혈을 발생시키거나 또는 피고를 사망케 하는 것을 금했고, 그 규정을 어긴 성직자는 처벌받아야 했다. 하지만 동료 성직자에 의해 '면죄' 받을 수 있다는 변법도 별도로 마련하여 두었다.

마녀는 교회 법정뿐 아니라 일반 세속 재판소에서도 재판받게 되었고, 마녀사냥이 유행병처럼 만연하자 고문은 마녀재판의 상투적 수단이 되었으며, 언제 어떻게 적용할지도 완벽하게 자의적인 판단에 맡겨졌다.

그 일례──앙리 보게의 『마녀재판관 수칙』은 고문 적용이 인정되는 조건 중의 하나로 '피고가 마녀인 징후(indicatio)를 보인 경우'를 들며, 여덟 종류의 '징후'를 예시로 들었다. 그중 몇 가지를 소개하자면 다음과 같다.

(1) 심문 중에 피고가 눈을 바닥을 향해 내리깔거나, 또는 공포에 질린 듯한 기색을 보이는 것.

(4) 피고가 광기에 휩싸인 듯 분노하거나 또는 주문을 외는 것.

(5) 피고가 우는 척하지만 눈물이 나오지 않거나, 나오더라도 아주 양이 적은 것.

요컨대 고문을 허용할 조건은 언제 어디에나 널려 있었다.

마녀재판에서 고문이 특히 잔학하게 이루어진 이유 중의 하나는 마녀의 죄는 특별히 흉악한, 소위 '각별한 죄'이고 '인간의 마음이 생각해낼 수 있는 가장 저주스러운 죄'(장 보댕)라서 약간의 동정이나 연민조차 베풀 여지가 없었기 때문이다.

또 하나의 유력한 이유는, 마녀는 악마가 여러 가지 방법으로 배후에서 은밀하게 힘을 부여해주기 때문에 인내심이 남달리 뛰어나고, 그래서 일반적인 고문은 효과가 없다는 마녀 개념 때문이었다.

'마녀는 마법으로 몸의 감각을 없앨 수 있다. 이와 같은 마녀는 그 누구도 이해할 수 없는 원이나 기묘한 문자를 써둔 양피지를 몸의 은밀한 곳에 감추어 소지하고 있다. 나는 이러한 마법을 막을 방법을 모르지만, 고문을 실시할 때는 피고를 알몸으로 만들고 신체 검사를 할 필요가 있다.'(에이메리히)

재판관의 저술에서는 다음과 같은 실례가 여럿 관찰된다.

'1587년 2월에 마녀 키리나 구자라에가 투옥되자 악마가 즉시 그녀를 찾아와 고문 전에 도망쳐서는 안 된다는 것, 만일 그녀가 잠시동안 고통을 참으며 묵비권을 행사하고 있으면 반드시 자유로워지리라는 것, 그동안에 악마는 언제든지 그녀의 구원 요청에 응하리라는 것 등을 말했다. 그리고 머지않아 그 말은 그대로 실현되었다. 즉, 그녀가 가장 지독한 고문을 받는 동안에 악마는 줄곧 그녀의 머리카락 속에 숨어서 용기를 북돋웠고 머지않아 고문을 끝내주겠다고 약속했다. 때마침 재판관이 옥죄고 있던 도구를 잠시 느슨하게 하라고 고문 담당자에게 신호를 보내자, 악마는 자신의 힘으로 그리 한 것이라고 그녀에게 말했다.'(레미)

악마의 응원을 받는 마녀의 입을 열기 위해서는 특별히 더 혹독하게 고문해야 했다.

고문 방법

원칙적으로 고문에는 세 단계가 있다. 제1단계(공식 용어로는 '예비 고문'이라고 한다)에서는 고문실에서 먼저 피고를 알몸으로 만든다. 여러 가지 고문 도구를 보여주며 위협한다. 몸을 밧줄로 묶고 채찍질한다. 이어서 '손가락과 발가락 구속'(엄지손가락과 엄지발가락에 구속구를 채우고 나사못으로 단단히 죈다. 살이 찢어지고, 피가 쏟아지고, 때로는 뼈

도 부서진다)을 하고, 다음으로는 '사다리형'에 처한다. 평평하게 수평으로 놓인 사다리형 고문대에 피고를 눕히고, 밧줄과 바이스를 써서 사지를 사방으로 잡아당기는 고문법이다. 또는 사다리의 가로봉에 팔과 다리를 밧줄로 묶고 죄는 도구로 밧줄을 점점 죄는 방법이다.

이 단계에서 자백하면 법정 기록에는 '고문에 의하지 않은 자백'이라고 기록되었다(유럽에서 '심문[questio]'이라는 단어가 '고문'이라는 뜻을 가지게 된 것은 이 이후이다. NED에 따르면 이와 같은 뜻으로 사용된 사례가 처음으로 관찰된 때는 1583년이다).

이와 같이 예비 고문을 했음에도 재판관이 만족할 만한 자백이 나오지 않은 경우(특히 공범자에 관한 자백을 받아내지 못한 경우)에는 제2단계의 '본격적인 고문'이 시작되었다.

매달기

피고의 양손을 등 뒤로 돌려서 밧줄로 묶고, 밧줄을 고문실 천장

에 설치된 도르래에 연결하여 피고를 천장까지 끌어 올린 후 일정 시간 동안 그대로 두는 방법이다(때로는 피고의 발에 추를 달아서 무게를 가중시키기도 했다).

끌어올렸다가 떨어트리기

추를 매단 상태로 천장까지 끌어 올렸다가 갑자기 밧줄의 힘을 풀어 낙하시키고, 바닥에 닿기 직전에 갑자기 낙하를 멈춤으로써 급격한 쇼크를 전신에 주는 방법이다(사지의 관절이 모두 탈골되고, 이를 세 번 반복하면 실신 또는 절명한다).

뼈 부수기

정강이 등에 구속구를 채운 후 죄는 도구로 뼈가 부러질 때까지 조이는 방법이다.

이상이 기록에 가장 많이 등장하는 고문법이지만, 이 방법으로도 자백을 받아내지 못한 경우에는 제3단계로 넘어가는데, 제3단계에서는 손 또는 다리를 절단한다. 혹은 불로 달군 니퍼로 살점을 뜯어내는 등, 이 밖에도 다양한 방법이 있다

고문 시에는 피고가 실신 또는 절명하기 직전에 고문을 멈추기 위해 의사를 동석시켜 끊임없이 감시하도록 했다. 서기는 재판관의 심문과 피고의 자백을 상세하게 기록한다(스페인 이단 심문소의 고문 기록을 읽어보면 헨리 찰스 리는 고문당하는 피고의 비명과 절규까지 상세하게 기록한 서기의 '냉정함'에 '고문의 잔학함 이상으로 경탄'한다. 하지만 마녀재판이 타락하고 세속화된 이후의 마녀재판은 기록도 간략하고 조잡한 것이 많다).

때와 장소에 따라서 이 이외에도 다종다양한 고문 방법이 사용되었음을 각각의 기록을 통해 알 수 있다. 곧잘 사용된 것이 '인두'(붉게 달군 철로 피고의 몸을 지지는 방법), '철 신발'(뜨거운 철 장화를 피고에게 신기는 방법. 때로는 이 신발을 신긴 발을 쇠망치로 으깨는 방법) 등이었다.

1590년부터 1592년까지 스코틀랜드의 왕 제임스 6세가 직접 주재한 마녀재판에서는 피고가 잔학한 고문을 받은 끝에 하나같이 기괴한 자백을 하고 처형되었는데, 연루된 존 피안 박사라는 학교 교사 한 명은 완고하게 자백하길 거부해 지독한 고문을 거듭해서 받았다. 당시의 뉴스 속보『스코틀랜드 동신』에 따르면 (1)처음에는 밧줄 장치로 목을 비틀었고, (2)그다음에는 뜨거운 '철 신발'을 신겼다(이때 피안 박사는 국왕 앞에서 허위 자백을 했고, 이튿날 밤에는 탈옥

을 했다. 하지만 붙잡혀 와서 재차 국왕 앞에서 '심문'을 받았다). (3)니퍼로 양손의 손톱 전부를 손에서 떼어냈다. (4)그 자리에 바늘을 각각 두 개씩 찔러 넣었다. (5)재차 '철의 신발'을 신겼다. 신발을 쇠망치로 내리쳤다. 양발은 신발과 함께 찌부러졌고, 뼈와 살은 으깨졌으며, 구두에서는 피가 흘러넘쳤다(하지만 피안은 자백하지 않았다. 1591년 1월 말에 에든버러에서 교수형에 처해진 다음 화형에 처해졌다).

소극적인 고문

도구를 쓰는 고문 이외에 특히 잉글랜드에서 많이 사용된, 소위 소극적인 고문이 있다. 장기간에 걸친 기아, 불면, 무릎 꿇고 앉아 있기, 계속 걷기 등이 그것이다. 잉글랜드에서는 고문이 금지되었던 탓에 이와 같은 소극적인 고문 방법이 고안된 듯하다.

(예) 1645년 서픽주의 순회 재판에서 약 200명의 남녀가 마녀로 투옥되었다. 그중에 나이 지긋한 70세 목사 존 로즈는 불침번의 감시를 받으며 며칠 밤낮 동안 감옥 안을 걷는 고문을 당했다(때로는 앞으로, 때로는 뒤로 걷게 했다). 로즈 목사는 결국 의식을 잃은 채 악마와 결탁했으며 마법으로 배를 전복시켰다고 자백했다. 나중에 이를 부정했지만 받아들여지지 않았고, 교수형에 처해졌다.

마녀 색출 대장 매튜 홉킨슨에 따르면 '잠재우지 않기'는 자백을 받아내는 효과적인 방법일 뿐 아니라 마녀가 '사역마'(마녀와 자주 접촉하며 연락하는 역할을 수행하는 소악마)를 소환하는 모습을 감시자가 목격할 수 있다는 점에서 더욱 적절한 방법이라고 한다. 홉킨슨과 그의 동료가 이 방법을 적용한 과정에 관한 기록이 남아 있다.

　'체포된 마녀를 고문실 중앙에 있는 등받이가 없는 의자, 또는 책상 위에 책상다리나 또는 그 밖의 불안정한 자세를 하고 앉게 한다. 그리고 24시간 동안 식사도 제공하지 않고 잠도 재우지 않고 감시한다. 24시간 이내에 사역마가 들어와 마녀의 젖을 빨 것이다. 사역마가 들어올 수 있도록 문에 작은 구멍을 뚫어 둔다. 감시인은 명령에 따라서 끊임없이 실내를 빗자루로 쓸고, 만약 거미나 파리가 발견되면 죽인다. 만약 죽지 않는다면 그것은 틀림없이 사역마이다.'(존 골 『마녀와 마법에 관한 양심[Select Cases of Conscience touching Witches and Witchcraft]』, 1646년)

　홉킨스가 세간의 신용을 잃고 고향에 은둔한 1646년에 치안판사는 이러한 소극적인 고문법을 금지시켰다.

　잉글랜드에서 오랫동안 공식적으로 채용된 고문법 중에 일종의 '물고문'이 있다. '마녀를 심판하는 데 대단히 유력한 방법'으로 마녀사냥왕 제임스가 자신의 저서 『악마론』에서 소개한 방법이다. 마녀를 벌거벗기고 오른손 엄지손가락을 왼발 엄지발가락에, 왼

손 엄지손가락을 오른발 엄지발가락에 묶고 연못이나 강에 던져 넣는다. 만약 물속에 가라앉으면 이는 무죄라는 증거이다(단, 익사하는 경우가 종종 있었다). 만약 가라앉지 않고 뜨면 그 마녀는 그 외의 다른 증거가 없더라도 유죄 선고를 받았지만, 익사는 피할 수 있었다(하지만 그 후에는 교수형이 기다리고 있었다……).

'1699년 7월 13일. 과부 커먼은 마녀 혐의를 받고 강에 던져 졌다. 그녀는 가라앉지 않고 떴다. 4월 19일에 다시 한번 시험 받았다. 이번에도 떴고, 가라앉지 않았다. 4월 24일에 커먼은 세 번째로 강에 던져졌다. 그녀는 떴고, 가라앉지 않았다. 이에 12월 27일에 커먼은 마녀로 판정되어 사형에 처해졌다.'(이완)

잉글랜드에서는 18세기에 들어서서도 여전히 이 유죄 여부 확인법이 사용되었다. 1717년 9월 레스터주의 순회 재판에 제출된 모자 세 명의 마녀에 대한 밀고자 스물다섯 명의 장문의 선서 증언서에는 여느 때와 마찬가지로 갖가지 마녀 행위가 열거되어 있는데, 그중에 '물고문'에 대한 언급이 몇 줄 있다.

'이들 마녀 용의자는 각각의 엄지손가락과 엄지발가락을 묶인 채 강 속에 던져졌다. 그들은 다들 가라앉으려고 전력을 다 했지만 코르크나 종잇조각, 또는 빈 나무통마냥 물 위에 떴다.'(이완)

고문사를 읽으면 오늘날에는 상상할 수 없는 다양하고 잔인한 고문법이 무수히 언급되어 있어서 과연 사실일지 의심스러울 정도이다. 하지만 후장(150페이지)의 『고문 요금 공정표』를 훑어보면 그 잔인함이 사실이었다는 것에 의심의 여지가 없을 것이다.

'중세 시대의 고문에 대해 생각할 때 우리를 가장 놀라게 하는 것은, 도저히 이보다 더 심하게 과장할 수 없을 듯한 악마적 야만성보다, 오히려 이상할 정도로 많은 고문 종류의 다양성과 거기에 나타나 있는 소위 기술적 수완이다.'(레키 『유럽의 합리주의』, 1873년)

고문의 신성함

그리스도교적 중세 세계를 지탱하는 십자가와 고문대가 함께 나란히 있다. 고문은 '신의 이름으로' 행해지는 정의였다. 정의를 행함에 있어서 주저할 필요는 없다. '고대 그리스에서는 반역죄 이외에는 결코 고문을 하지 않았다. 잔학했던 것으로 유명한 고대 로마조차 고문을 받는 것은 노예로 한정되어 있었다. 그와 같은 예를 찾아볼 수 없을 만큼 많은 고문이 이루어진 것은 당시까지의 모든 시대를 살펴보더라도 중세 그리스도교 국가뿐'(레키)이었던 것도 이 때문이다.

여기에서 대단히 상징적인 이야기를 한 가지 하겠다. ——1808

년에 나폴레옹의 군대가 스페인에 침입했을 때의 일이다. 톨레도 이단 심문소의 감옥에서 고문 도구 하나가 발견되었다. 이는 양팔을 벌리고 서 있는 여성의 상이었다. 여성상의 가슴과 배 부분에는 뾰족한 못과 날카로운 나이프 칼날이 한쪽 면에 가득 꽂혀 있었다. 레버를 잡아당기면 여성상은 이단자를 양팔로 품은 후 단단하게 단단하게 끌어안는다……. 그 여성상은 '성모 마리아'와 흡사한 모습으로 만들어져 있었다.

자백

유죄로 판정할 가장 유력한 결정타가 되는 '자백'——범하는 것이 불가능한 죄를 범했다는 자백——을 받아내기 위해 사용한 기계 장치에 대해서는 더이상 말할 필요가 없을 듯하다. 하지만 우연히 기록 하나——마녀재판은 아니지만 범하는 것이 불가능한 죄를 범했다고 자백하기에 이른 광경을 생생하게 전해주는 기록이 있다.

그 기록은 16세기 중반 톨레도 이단 심문에서 엘비라라는 기혼 여성한테 행해진 '심문' 과정을 인내심 강한 서기가 피고의 비명과 절규에 이르는 모든 것을 빠짐없이 기록한 장문의 기록이다(헨리 찰스 리 『스페인 이단 심문 역사[A History of the Inquisition of Spain]』, 1905년에 게재). 하지만 여기에 그 전부를 인용하는 것은 도저히 불가능하므로, 감명이 적어질 듯하여 안타깝지만 발췌 번역하여 인용하겠다.

(엘비라의 양팔을 묶고 있던 밧줄을 더욱 단단히 묶자 팔이 비틀렸다. 비명.)

"재판관님! 제가 무슨 말씀을 드려야 하는지 알려주세요. 저는 제가 무슨 짓을 했는지 모르겠습니다. 사실대로 말할 테니까 밧줄을 풀어주세요. 무슨 말을 하길 바라시는지 저는 모르겠습니다. 말씀해주십시오. 그대로 말씀드리겠습니다."

(더욱 밧줄을 단단히 묶는다. "사실대로 말하거라!"라며 독촉했다. "무슨 말이든 다 할 테니 뭐라고 말해야 하는지 가르쳐주세요!"라고 그녀는 반복해서 말했다.)

("너는 돼지고기를 먹었느냐?"라며 유도했다.) "아니요. 먹지 않았습니다. 저는 돼지고기를 먹으면 속이 불편해지기 때문에 돼지고기를 좋아하지 않습니다. 저는 아무런 나쁜 짓도 하지 않았습니다. 제발 풀어주세요. 뭐든지 말씀드릴 테니까. 뭐라고 말씀드려야 하나요? 무슨 말을 해야 할지 모르겠어요. 말씀해주세요. 뭐든지 말씀드릴게요. 풀어주세요. 뭐든지 말씀드릴게요. …… 말씀해주세요. 말씀해주세요."

(밧줄을 풀어주지 않은 채, "가톨릭교회를 배신하는 짓을 하였지?"라고 물었다.) "풀어주세요. ……(신음소리) ……. 여기에서 내려주세요. 무엇을 말해야 하는지 말씀해주세요. 아아……, 고통스러워요. 원하시는 대로 다 말씀드릴 테니까……. 재판관님! 팔이 부러질 것 같아요……. 풀어주세요……."

("무슨 짓을 했는지 자세히 말하거라!"라며 압박했다.) "무슨 말씀을 드

려야 하나요……? 맞아요! 했습니다! 그게 무엇이든 제가 했습니다. ……아아, 풀어주세요. 무슨 말씀을 드려야 하는 건지, 저는 생각나는 게 없어요. 연약한 여자의 몸입니다. 팔이 부러질 것 같아요. 연약한 여자를 동정하는 마음이 없으신가요? ……."

(재판관은 "사실대로 말하면 동정심을 가져주마!"라고 말했다.) "재판관님, 말씀해주세요. 그 사실이라는 게 무엇인지 가르쳐 주세요……. (흐느껴 운다) …… 모르겠어요. 무슨 이야기를 해야 하는 건지……."

(똑같은 말의 반복과 고문이 계속된 후 "너는 토요일에 모시옷을 갈아입었지?"라고 물었다.) "네, 갈아입었습니다. 갈아입을 때가 되어서요. 어떤 나쁜 의도가 있어서 갈아입은 게 아니에요. 무슨 생각을 하시는 거죠? ……." (발가벗겨 고문대에 눕혔다. 사지를 밧줄로 묶고 사방에서 잡아당겼다. 입에 수도관을 꽂고 물 주전자로 물을 들이부었다. 그 사이사이에 그녀는 앞서와 같은 말을 반복했다. 이 시점에 고문은 일시적으로 '중단'되었다.)

그로부터 나흘 후에 고문이 재개되었다. 심문 규정으로 고문의 '계속'은 인정되었지만 '반복'은 금지되어 있었다. 규정상 고문을 반복한 심문관은 처벌을 받는다. 하지만 '중단' 후의 재개는 '반복' 이 아니라 '계속'이라는 스콜라적 궤변을 만들어냈다. 엘비라의 고문은 이와같이 '계속'되었다. 하지만 그 후에 이루어진 장황하며 반복적인 심문을 더이상 소개할 필요는 없을 듯하다. 결국 그녀는 심문관이 유도한 대로 모든 것을 긍정하고 그리스도교도면서 유대교의 율법을 따랐다고 '자백'했다…….

20세기 영국의 최고법원장 맥도넬은 말한다. '마녀재판은 "자백"이라는 것이 불필요할뿐더러 의미도 없다는 것을 다른 그 어떤 재판보다도 강력하게 증명해준다. ……동란의 시대에는 재판이 재판관에 의해 악용될 우려가 있음을 마녀재판이 똑똑하게 보여준다. ……이는 형법을 배우는 자에게 여러 가지 교훈을 준다.'(전출)

감옥의 고통

심문과 고문이 반복되는 동안에 해야 했던 감옥 생활도 가혹한 심문의 일부였다. 고문실은 감옥의 지하실에 있는 경우가 많아서 피고의 비명과 신음 소리, 절규가 다른 피고의 독방까지 들릴 때가 종종 있었다. 피고들은 24시간 내내 고문의 공포와 함께 해야 했다.

남프랑스 카르카손 이단 심문소의 지옥이 지금까지 옛날 모습 그대로 남아 있을 수 있는 이유이기도 한데, 당시 죄인의 상태를 말해주는 13세기 말의 기록이 감옥 생활의 실태를 상상하는 데 도움을 준다.

'옥방에는 각종 고문 도구가 마련되어 있었다. 죄인 중에는 가혹한 고문을 받아서 손발을 움직일 수 없게 되거나 완전히 폐인이 된 자가 무척 많았다. 개중에는 초조함과 과도한 고통으로 인해 자신의 머리를 스스로 때려 참혹하게 죽는 자도 있었다. 옥방은 어둡고 공기도 잘 통하지 않아서 죄인은 밤인지 낮인지 조차 구분할 수 없었다. 어떤 옥방에서는 가쇄와 쇠사슬 등으로 구속된 탓에 옴짝달싹할 수 없어서 자유롭게 용변조차 볼 수 없고, 하늘을 향한 채 차가운 땅바닥 위에 누워 있을 뿐 잠들 수조차 없는 자도 있었다. 밤낮을 가리지 않는 이와 같은 고통 속에서 장기간을 매일 보냈다.

　부족한 것은 빛과 공기만이 아니었다. 극히 소량의 빵과 물이외에는 먹을 것도 주지 않았다. 상층의 감방 창문에는 당시 죄인 중의 한 명이 새긴 aescam!(먹을 것을 주시오!)이라는 글씨가 지금까지 남아 있다.

　지하 감옥에는 문짝을 위로 들어 올리고 들어갔다. 세 개의 깊은 총안으로 들어오는 햇빛이 빛의 전부였다. 감옥 안에 있는 돌기둥은 기둥에 묶여 있던 죄인이 언제나 등으로 기대고 있었던 탓에 닳아 있고, 쇠사슬은 지금도 기둥에 묶여 있는 채 그대로이다. (G.G. 콜턴 『이단 심문과 자유[Inquisition and Liberty]』, 1938년)

　또 잉글랜드의 감옥 생활과 관련하여 1654년 7월 24일자 켄트 주 순회 재판 기록을 보면 어느 마녀 피고 한 명에 관한 글이 다음과 같이 적혀 있다.

'피고가 자백하길 거부하여 다시 햇볕이 들지 않는 원래의 감옥으로 돌려보냈다. 지푸라기 한 가닥조차 깔려 있지 않은 땅바닥에 이불은커녕 음부를 가릴 것 이외에는 몸에 걸칠 천 조각 하나 없이 하늘을 향하고 누워 있어야 했다. 좌우의 팔은 각각 벽에 고정된 로프로 잡아 당겨졌다. 그리고 몸 위에는 버틸 수 있는 최대치 무게의 철이나 돌로 된 추를 올려놓았다.'(이완)

독일 서북부의 마을 린드하임에 '마녀의 탑'이라고 불리는 원통형의 탑이 있다. 19세기 초에 이 탑을 조사한 기록에 따르면 이는 돌을 쌓아 올려 만든 건축물이며, 창문은 없고, 닳아빠진 돌계단을 올라가야 맞닥뜨리게 되는 입구는 지면에서 18척 높이에 위치한다. 어두운 내부로 들어가면 거무스름한 벽에는 지면에서부터 15척 높이에 사람이 서 있을 수 있는 움푹 들어간 공간이 있다. 거기에는 여러 개의 철제 수갑과 족쇄가 벽에 고정된 몇 인치밖에 안 되는 짧은 쇠사슬에 연결되어 있다. 따라서 여기에 감금되어 있던 마녀는 수갑과 족쇄에 고정되어 옴짝달싹 못 한 채 지상 15척 높이에, 거의 공중에 서 있었다고 할 수 있다.

나중에 이 탑 주변의 땅을 팠을 때 돌계단 아래쪽에서 엄청나게 많은 사람의 뼈가 발견되었는데, 이는 불에 탄 사람의 뼈였다고 한다(몬테규 서머스, 『마법의 지역별 연구』). 이 지방에서는 17세기 후반에 요한 슐러(부유한 공장주)와 그의 아내와 관련된 '슐러 사건'을 비롯하여 많은 마녀재판이 이루어졌는데, 고발자와 재판관은 탐욕과 미

린드하임의 '마녀의 탑'

신으로 가득 차서 잔학하기 짝이 없는 짓을 자행했다.

법정 기록에서는 발견되지 않은 '감옥 생활'이라는 명칭의 '고문'으로 인해 손발이 썩어 법정에 걸어 나갈 수도 없는 상태가 된 채 최후의 처형을 기다리지 못하고 (다행히) 옥중에서 사망한 자도 적지 않았다. 잉글랜드 길퍼드 성내의 감옥에 관한 1598년의 순회재판 기록에 따르면 그곳에서는 마지막 재판 날로부터 일 년 이내에 20명 이상의 죄인이 옥사했다고 한다. 이는 당시 감옥에 갇힌 자 총수의 12%에 해당하는 수치라고 이완은 말한다.

최초의 심문부터 최후의 자백까지 3년, 5년, 10년의 세월이 흘렀다. 툴루즈에서는 1297년부터 13년간, 카르카손에서는 1321년부터 30년간 걸린 사례도 있다. 그만큼 오랫동안 감옥 생활을 버텼다는 것은 그동안 반복적인 고문을 받으면서도 자백하지 않았음을 의미한다. 하지만 '피고 대부분은 필시 몇 주안에 굴복했을 것이다.'(헨리 찰스 리, 『중세』) 1594년 독일 뇌르틀링겐에서 총 56회에 걸쳐서 고문을 반복적으로 받고서야 겨우 굴복한 여성 마녀의 사례도 있다. 마녀재판은 그야말로 '진실성 테스트가 아니라 인내심 테스트였다.'(앞과 동일)

조작된 공범자

이단자를 한 명도 남기지 않고 박멸하겠다는 열의로 불타는 재판관에게 있어서 눈앞에 있는 피고로부터 자백을 받아내는 것은 말할 것도 없고, 피고의 입을 열어서 다수의 공범을 알아내는 것은 그 무엇보다 능률적인 업무 방식이었다. 수많은 법정 기록을 꼼꼼하게 읽은 G.L. 바는 이것이 대단히 능률 높은 방법이었다고 보고한다.

'나는 마녀 한 명의 입에서 나온 150명이나 되는 공범자 리스트를 보았다. 혼자서 100명 이상의 공범자 이름을 밝힌 마녀가 몇 명 있다. 또 어느 지방 법정이 보관하고 있는 37년간의 기록을 보면 약 300명의 마녀가 약 6000명의 마녀를 고발했다. 피고 한 명당 공범자 20명의 비율이다. 마녀재판은 한번 굴러가

기 시작하면 얼마나 부풀어 오를지 알 수 없는 눈덩이다.'

이러한 조작된 공범자를 재판관은 진짜 공범자라고 굳게 믿었다. 그 확신에는 망설임과 주저가 전혀 없었다. 트리어 지방(독일)에서 마녀사냥을 독려한 부주교 빈스펠트(1540~1603년)는 딱 잘라 말했다. '마녀 100명 중에서 거짓으로 다른 사람을 고발한 자를 단한 명도 본 적이 없다.'(『마녀의 자백』, 1591년)

자백의 일치

때와 장소는 서로 상당히 다름에도 어느 마녀라고 할 것 없이 자백한 내용이 모두 같다는 것이 경이로울 지경이다. 1700년 북독일의 마녀도 1500년 남프랑스의 마녀와 동일한 내용을 자백했다. 이 보편적인 자백의 일치는 마녀의 보편적 실재성을 일반 사람들에게 확신케 하는 유력한 이유였다. '만약 마녀들이 고문을 당하며 거짓 자백을 강요받았다면 이토록 정확하게 자백이 일치할 리 없다. 그러므로 이러한 일치는 마녀가 보편적으로 실재한다는 증거이다……'라고 생각하는 것이다.

나중에 언급하겠지만, 이단자 처형식은 최대한 많은 수형자를 형장 한곳에 모으고, 최대한 많은 민중이 몰려들어 구경하도록 준비한 일종의 쇼였다. 그 쇼에서 처형될 마녀를 앞에 두고 큰소리로 발표한 여러 마녀 개개의 자백이 예기치 않게 일치한다면 (하물며 그것이 어릴 때부터 들어온 마녀 이야기와 정확하게 부합한다면) 대중에게 마녀는 움직이지 않는 실재가 되므로 그 자백이 진실한 고백으로 받아들여진 것도 무리가 아니다.

마녀재판의 메커니즘을 여기까지 살펴보면 이와 같은 자백의 일치가 어째서 발생했는가는 더이상 설명할 필요가 없을 만큼 자명하다. 먼저 첫 번째로 마녀라는 개념 자체가 어느 시대 어느 지역인가에 상관없는 공통적이며 보편적인 개념이었기 때문이다. 두 번째로 보편적인 이 마녀 개념을 바탕으로 『마녀를 심판하는 망치』 및 그 외의 재판 교과서가 제시한 범례에 따라서 모든 재판관이 동일한 심문 사항을 동일한 심문 방법으로 물었기 때문이다. 즉, 심문 사항과 심문 방법이 정형화되어 있었기 때문이다. 그리고 마지막으로 재판관이 이 정형적인 심문 방식이 기대하는 그대로를 심문을 통해 자백시키면 모든 자백이 일치할 수밖에 없는 것이 당연하기 때문이다. 자백의 일치는 심문의 정형화와 고문에 의한 자백 강요로 발생한 필연적인 귀결이었다. 고로, 자백의 일치는 사실 자백이 '진실'하다는 증거가 아니라 자백이 '조작'되었다는 증거이다.

심문 기록의 간략화

심문이 정형화된 결과, 법정 서기가 심문 기록을 간략화했다는 점이 흥미롭다. 즉, 심문 사항과 심문 순서가 일정하면 법정 서기

(1) 카테리나의 법정 기록 (2) 클로데트의 법정 기록

는 판사가 심문한 부분을 일일이 기록하는 것을 생략하고, 그에 대한 피고의 답변 부분만을 기록하면 되기 때문이다.

실례를 살펴보자. 삽화(1)(1689년 브란덴부르크[독일]의 마녀 카테리나 뷰헬에 대한 법정 기록)의 왼쪽란은 심문 부분이고 오른쪽란은 답변 부분이며, 번호로 그 대응을 표시하고 있다. 이것은 정규 형식의 기록이다. 그런데 삽화(2)(1620년 알자스의 기혼 여성 클로데트의 법정 기록)에는 심문란 기재는 전면적으로 생략되어 있고 심문 순서를 나타내는 번호만 기록되어 있다.

이러한 심문란 생략은 이 기록에서만 관찰되는 특이한 현상이 아니다. 당시 이 지방의 기록 전부가 이와 같은 양식으로 기록되어 있다. 또 삽화(1)은 필적으로 미루어보아 왼쪽란과 오른쪽란을 각각 다른 서기가 작성하였거나 또는 적어도 왼쪽과 오른쪽을 동시에 기록하지 않았다. ──즉, 왼쪽의 심문란은 사전에 규격대로 써두었음을 알 수 있다. 이는 심문 사항과 심문 순서가 늘 일정했음을 나타낸다(삽화는 코넬 대학교 도서관에서 소장 중인 기록 550장 중에서 발췌).

자백의 진실성 증명

자신들의 손으로 창작한 가공의 '새로운 마녀'를 진짜 마녀라고 굳게 믿은 것과 마찬가지로 재판관들은 자신들의 계략으로 받아낸 자백의 일치를 자연스러운 일치라고 굳게 믿었고, 그 일치는 또 자백의 진실성을 증명한다고 확신했다.

다음과 같은 사례가 있다──1669년에 루앙(프랑스) 지방에서 마녀 사건이 일어났고, 아홉 명의 밀고자로 인해 결국 525명이라는 엄청난 수의 용의자가 기소되었다(어떤 밀고자는 혼자서 154명의 용의자를 지목했다). 이듬해에 노르망디 고등법원은 먼저 피고 12명을 마녀로 판정하고 사형을 선고하려고 했다. 하지만 국왕 루이 14세는 콜베르 재정총감의 조언에 따라서 사형을 추방형으로 경감해주라고 명했다. 이 예상치 못한 명령에 놀란 노르망디 고등법원은 국왕에게 명령 철회를 요청하는 장문의 항의서를 제출했다. 이 항의문에서 재판관들은 마법을 써서 사람과 가축에게 준 피해, 마녀 마크, 마녀집회 등의 통상적인 마녀 행위를 지적한 후 다음과 같이 말했다.

　'이 사실들은 고금 학자의 저서에 의해 확증되었고, 많은 목
격자에 의해 입증되었으며, 무엇보다도 피고 본인들이 인정한
바입니다. 폐하! 경우는 각각 다르나 피고의 자백은 모두 일치
하고 부합하며, 또 가장 무지몽매한 피고들의 자백이 가장 저명
한 마녀학자들의 말과 일치하고 있으며, 그 용어까지도 동일합
니다. 폐하! 이 사실은 갖가지 고등법원의 갖가지 재판 기록이
충분히 증명하고 있는 바입니다. ……'

　때와 장소의 차이를 초월한 이러한 자백의 일치에서 자백의 진
실성을(따라서 마녀의 실재성을) 도출한 것은 루이 14세 시대의 재판관
만이 아니었다. 20세기에도 다음과 같은 말이 관찰된다.

　'더없이 신비롭게 여겨지는 것은 엄청난 수의 마녀재판에 있
어서 온갖 종류의 마녀 행위를 포함하는 피고의 자백이 자발적
으로 또한 명백하게 위협과 공포와 고문 없이 이루어졌다는 사
실이다. 하물며 가여운 피고들은 형장에서──진실을 밝힌들
사형에 처해질 자신의 신변에 아무런 영향도 없을 형장에서,
전면적으로 자신의 죄를 재확인한 듯하다.'(『가톨릭 백과사전[The
Catholic Encyclopedia]』, 1913년)

이 책의 저자는 마녀의 실재를 믿지는 않는다. 하지만 그는 마녀 재판과 관련하여 적어도 세 가지 중대한 점에서 자신의 무지를 드러내고 있다. 첫 번째로 이단 심문에서 위협과 협박과 고문은 합법적인 상투 수단이었다는 점이다. 두 번째로 고문 중에서 '예비 고문'——'손가락과 발가락 구속'과 '사다리형'——은 법정 기록에는 전혀 기록되지 않고 '고문에 의하지 않은 자백'이라고 기록되는 것이 보통이었다는 점이다.

세 번째는 법정에서 자백을 철회하는 것은 설령 처형 직전에 형장에서 철회한다고 하더라도 피고에게 '아무런 영향도 없는' 수준이 아니었다는 것이다. 법정에서 자백한 자는 '회개자'로 취급되어 혜택을 받고 무엇보다 교살된 다음에 화형에 처해졌지만, 설령 처형 직전이더라도 자백을 취소하면 '위증자'나 '이단자로의 회귀'로 취급되어서 산 채로 화형에 처해졌다. 산 채로 불타지 않고 목 졸려 죽은 다음에 불타기를 피고들이 얼마나 절절하게 갈망했겠는가. 그렇다면 일부러 '자백'을 철회할 리 없다. 생각해보면 마녀재판 전체가 20세기의 가톨릭 백과사전 집필자조차도 마녀의 존재를 믿을 수밖에 없도록 짜여 있었다고 할 수 있다.

자발적인 자백

하지만 법정 기록이 기만한 것이 아니라 피고가 '고문받지 않고', '자발적으로' 진심으로 자백한 경우가 적지 않았으리라는 것에 대해 한마디 해두어야겠다.

예를 들어 스스로 마녀라고 인정한 스코틀랜드의 노파 이소벨 가우디의 경우를 들 수 있다. 1662년 4월 13일부터 5월 27일까지 받아낸 네 통의 자백서가 있는데, 자백 내용이 가히 마녀 개념에 대한 완벽한 써머리라고 할 법했다. 마녀집회, 악마 숭배, 악마와의 성교, 살인용 밀랍 인형 제작, 공중 비행, 비행할 때 사용하는 빗자루와 지팡이, 마녀 마크……에 관해 상세한 자백이었다. 몬테규 서머스는 '그 자백은 몹시 상세하며, 이는 결코 위협과 고문에 의해 강요된 것이 아니라 자발적으로 자백한 것이었다'라며 진실임을 보증했다.(『마법의 지역별 연구』)

서머스의 보증을 얼마만큼 신용할 수 있는가는 차치하더라도, 이처럼 자진해서 자백한 사례도 무수할 것이다. 빗자루를 타고 하늘을 날고 악마와 포옹했다……는 자신의 망상을 현실이라고 굳게 믿고 그것을 진심으로 자백하는 정신이상자는 오늘날에도 적지 않다. 하물며 중세의 기상 상황에서 마녀재판이 일으킨 선풍에 선동된 경우라면 한술 더 떴을 것이다. 틀림없이 그러한 병리학적 마녀도 재판을 받고 처형되었을 것이다. 만약 재판관이 그러한 마녀를 이단자가 아니라 정신병자라며 법정에서 내쫓을 만큼 제정신이었다면 애당초 마녀재판은 성립되지도 않았을 것이다. 이 경우에 한하여 이러한 종류의 마녀도 마녀재판과 무관하지 않다. 특히 이러한 마녀가 증가할 만한 병리학적인 분위기를 조성한 것이 다름 아닌 마녀재판이었다는 의미에서 양자는 결코 인연이 적지 않다. 하지만 제정신인 피고를 제정신이 아닌 재판관이 애당초 죄를 범하는 것 자체가 불가능한 죄를 지었다며 죄인으로 판결하여 화형에 처한 우리의 마녀재판하고는 근본적으로 관계가 없다.

그로부터 1세기가 더 흐르면 이러한 마녀는 재판관이 아니라 의학자에 의해 재판받게 된다. 1751년에는 친우회(Society of Friends) 회원이 정신병자를 위한 병원을 펜실베이니아에 설립하고 그 방면의 선구자가 되었다. 2년 후에는 버지니아와 그 외 식민지에 동종의 정신병원이 등장했다. 파리의 대형병원 '하나님의 집'의 의사들이 정신병 치료법 혁신 운동을 일으킨 것은 1756년이다. 하지만 그 무렵에는 이미 마녀재판이 모습을 감춘 뒤였다.

마녀재판의 소멸을 단순히 과학의 승리로 치부하는 것은 성급한 판단이다. 여기에는 또 다른 긴 이야기가 필요하다. 20세기 과학 시대가 미신에 기초한 20세기 마녀재판을 탄생시키지 않으리라고 단언할 수 없기 때문이다.

판결

심원하고 신비한 논의가 필요한 이단 심문 판결도 실제로는 간단하게 결정되었고, 그것도 주심인 이단 심문관의 독단에 의해 이루어진 듯하다.

카르카손의 이단 심문관이 주교 외에 42명이나 되는 재판관을 초집하여 행한 판결 회의에서 이틀 만에 34건의 판결을 내렸는데 그 가운데 조금이라도 의견 불일치가 있었던 것은 2건뿐이며 나머지는 전부 심문관의 원안대로 이의 없이 가결된 사례를 들며, 헨리 찰스 리는 '이러한 절차도 일반적으로는 거의 형식에 지나지 않았다고 생각하는 편이 안전하다'고 결론지었다(『중세』). 형량이 다양하게 내려진 이단 심문조차 이러했으니, 이단 논의도 필요 없고 형벌도 사형 한 가지로 정해져 있던 마녀재판의 판결 절차는 필시 비교가 되지 않을 만큼 간단했을 것이다. 『마녀를 심판하는 망치』는 판결에 도달하기까지의 방법으로서 15단계나 되는 절차 예시를 들고 있지만, 마녀 선풍 시대의 재판관이 이 교과서의 범례를 어느 정도로 실행했는지, 그 허술함을 쉽게 상상할 수 있다.

형벌

이단죄에 대한 처벌로는 참회를 위한 고행, 채찍형, 순례행, 십자군 종군 시종으로 근무, 추방, 갤리선의 노 젓기, 가쇄형, 벌금, 그 밖에 여러 가지가 있었지만, 극형은 당연히 사형, 그것도 화형이었다.

본래 이단자를 처벌하는 목적은 이단자의 '영혼 구제'였으므로 이단적 사상과 신앙을 버리겠다고 맹세하면 사형에서 종신 금고형으로 경감되었고, 그 종신 금고형에서 더욱 감형되어서 몇 년 또는 십수 년 후에 석방될 가능성도 없지는 않았다.

그런데 이단 중에서도 '각별한 죄'로 여겨진 마녀는 예외 없이 화형에 처해졌다. 『마녀를 심판하는 망치』가 등장하기까지는 화형한 가지로만 결정하는 것에 다소간 주저한 듯한 모습도 보였다. 하지만 '오늘날의 마녀는 여태까지의 마녀하고는 다르다'라는 '새로운 마녀'론을 주장한 이단 심문관 자키에는 『마녀의 이단을 심판하는 도리깨』(1458년)에서 마녀를 다른 이단자와 동등하게 처분해서는 안 된다고 열정적으로 주장했고, 『마녀를 심판하는 망치』(1484년)에 이르면 마녀는 설령 자신의 죄를 뉘우치더라도 사형에 처해야 마땅하다고 단정한다. 이 단정에는 여느 때처럼 아우구스티누스와 토마스 아퀴나스 등 고대 권위자의 뒷받침이 있었기 때문에 재판관은 망설임 없이 사형 판결을 내릴 수 있었다. 이리하여 마녀의 처벌은 사형 한 가지로 원칙화되었다.

화형과 교수형

사형은 화형이 원칙이었지만, 화형에는 산 채로 화형하기와 교살한 다음에 시체를 화형하기의 두 종류가 있었다. 고문의 고통을 견디지 못하고 죽기 위해 거짓 자백을 한 마녀조차 산 채로 화형에 처해질 것을 몹시 두려워한 듯하다. "교살형에 처해줄 테니 자백해라!"라는 재판관의 말은 무척 매력적인 유혹이었다. 형장에서 허위 자백을 철회한 자가 거의 없었던 것도 그랬다가는 교수형을 당할 수 있는 혜택이 취소되어 산 채로 화형에 처해질 것을 두려워했기 때문이다.

앙리 보게의 「마녀재판 절차」 제2조.

'통상적인 마녀 처벌 방식은 화형이다. 하지만 산채로 불태울지 아니면 먼저 교살한 다음에 불태울지에 관해서는 다소 논의의 여지가 있지만, 양쪽 방식 모두 여러 박사들이 지지하는 방식이다. 범인이 형벌의 끔찍함 때문에 두려워서 자포자기하지 않도록 하기 위해서라도 후자 쪽이 타당할 듯하다.'

제63조.

'사춘기(남자 14살, 여자 12살)가 되지 않은 어린이의 경우에는 보댕은 채찍질만 해야 한다고 하고, 빈스펠트는 16세 미만의 소아에게는 결코 사형 판결을 내려서는 안 된다고 한다. 하지만 내 의견은 정반대이다. 사춘기가 지난 자뿐 아니라 사춘기가 되지 않은 자도 사악한 의도로 범행을 저지른 것이 명백한 경우에는 사형을 선고해야 마땅하다는 것이 나의 의견이다. 단, 이러한 경우에는 통상보다는 가벼운 처벌, 즉 교수형을 채용할 것을 권한다.'

소아에게 극형을 내리는 것을 정당화한 보게의 근거.

(마녀의 죄는) '상상할 수 있는 가장 꺼림칙한 죄', '일반적인 법규를 적용하는 정도로 끝내서는 안 되는 흉악한 죄', '무지한 야수도 이성 있는 존재처럼 죽여야 하는 것과 마찬가지로 어린아이도 죽여야 한다', '신을 경시하고 세상을 위협하며 계속 살아

가느니 죽임을 당하는 편이 낫다.'

예외적이었던 잉글랜드

유럽 대륙과 스코틀랜드에서는 산 채로 화형에 처하는 것이 보통이었지만, 잉글랜드만큼은 예외였다. 사형은 원칙적으로 교살이었고, 또 사형 이외에 금고형(주로 1년 동안)도 많이 내려졌다. 처벌 중에서 사형이 점한 비율은 엘리자베스 여왕이 통치한 기간 가운데 마지막 6년 동안과 제임스 1세가 통치한 기간 가운데 처음 4년간을 포함하는 1598년부터 1607년까지의 10년 동안의 경우에 41%였다. 바늘로 찌르기 전문가 매튜 홉킨스가 활약한 1645년 여름에는 29명의 여자 중에서 19명이 사형되는 높은 사형 비율을 보였다. 하지만 이는 예외적인 경우이고 전반적으로 보았을 때는 사형 비율이 지극히 낮았다. 중앙 순회 재판구에서는 '100명당 81명의 마녀가 교살용 밧줄을 면했다'(이완). 이단 심문, 나아가 마녀재판에서 잉글랜드는 영광스러운 예외를 줄곧 지킨 셈이다.

그러나 잉글랜드에서도 사형은 원칙적으로 교살이었지만, 화형과 참수형이 행해진 기록도 있다.

그 밖의 처형법

헨리 8세의 법령으로 마련된 '끓여죽이기형'은 보기 드문 사례이다. 진중한 이완도 '중앙 순회 재판구의 기록에서는 관찰되지 않지만, 잉글랜드에서도 분살된 마녀가 다수 있으며 또 화로 속에서 끓어 죽은 마녀도 있었을 것임에 의심의 여지가 없다'고 말한다.

나이세(독일)의 처형관은 나치스보다 먼저 '굽고 끓이기 위한 화로'를 설계했고, 1651년에 42명, 이에 이어서 9년 동안 2살부터 4살까지의 어린 아이를 포함하여 1000명 이상의 사람을 이 화로에 넣고 끓여 죽였다.(로빈스)

그 밖에 여러 종류의 고문 역사 서적에는 상상을 초월하는 여러 가지 잔학한 처형법이 기록되어 있다. 예를 들어 죄인의 사지를 말 네 마리에 각각 묶고 말을 달리게 하여 몸을 넷으로 찢어 죽이는 방법, 죄인을 알몸으로 만든 다음 폭넓은 수레바퀴를 끌어안게 하여 묶은 후 경사면을 따라서 이를 굴림으로써 압살시켜 죽이는 방법, 사지를 각각 절단하는 방법 등 이것이 과연 사실일까 하고 고개를 갸우뚱거리게 된다. 하지만 다음의 「공정 처형 요금표」를 보면 이와 같은 다종다양한 잔학한 처형법이 실제로 행해졌다는 것을 알 수 있다.

「공정 처형 요금표」

다음의 표는 쾰른(독일)의 대주교구가 처형관의 부당한 요금 청구를 어떻게 하면 막을 수 있을까 하고 고민한 끝에 이를 방지하기 위해 1757년에 공포한 공정 처형 요금표이다.

연대로 보자면 30년 전쟁 시대(1618~1648년)를 정점으로 하는 독일의 마녀재판이 종말을 맞이하기 시작한 시점(독일에서 행해진 마지막 마녀 처형은 1775년)의 요금표인데, 이 표에서 관찰되는 갖가지 종류의 잔학한 처형법은 마녀재판 시대의 모든 그리스도교 국가에서 공통적으로 행해졌던 것임이 분명하다.

처형 요금표 1757년 쾰른 대주교 허가

(전문 생략)

규정 요금

1. 말 네 마리를 이용하여 사등분으로 찢는다 - 5탈레르 26아르프스

2. 몸을 사등분으로 분리한다 - 4탈레르 0아르프스

3. 상기를 수행하는 데 필요한 밧줄 값 - 1탈레르 0아르프스

4. 사등분한 것을 각각 네 곳에 매다는 데 필요한 밧줄, 못, 쇠사슬 값(운반비 포함) - 5 탈레르 26아르프스

5. 참수한 후 화형(제반 비용 포함) - 5탈레르 26아르프스

6. 이에 필요한 밧줄 값, 묶어둘 기둥 제작비 및 점화료 - 2탈레르 0아르프스

7. 교수 후 화형 - 4탈레르 0아르프스

8. 이에 필요한 밧줄 값, 묶어둘 기둥 제작비 및 점화료 - 2탈레르 0아르프스

9. 산 채로 화형 - 4탈레르 0아르프스

10. 이에 필요한 밧줄 값, 묶어둘 기둥 제작비 및 점화료 - 2탈

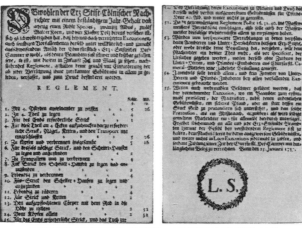

공정 처형 요금표의 첫 페이지(왼쪽)**와 마지막 페이지**(오른쪽)

레르 0아르프스

11. 마차 바퀴에 묶어서 생체 분쇄 - 4탈레르 0아르프스

12. 이에 필요한 밧줄 값 및 쇠사슬 값 - 2탈레르 0아르프스

13. 생체를 수레바퀴에 묶는다 - 2탈레르 52아르프스

14. 참수 - 2탈레르 52아르프스

15. 이에 필요한 밧줄 값 및 눈가리개용 포목 값 - 1탈레르 0아
    르프스

16. 구덩이를 파고 시체를 묻는다 - 1탈레르 26아르프스

17. 참수 후 수레바퀴에 사체를 묶는다 - 4탈레르 0아르프스

18. 이에 필요한 밧줄, 쇠사슬, 포목 값 - 2탈레르 0아르프스

19. 한쪽 손 또는 손가락 몇 개를 자른 후 참수한다 - 3탈레르

26아르프스

20. 위의 경우 뜨거운 인두로 지진다 - 1탈레르 26아르프스

21. 이에 필요한 밧줄 및 포목 값 - 1탈레르 26아르프스

22. 참수 후 머리를 장대에 꽂는다 - 3탈레르 26아르프스

23. 이에 필요한 밧줄 및 포목 값 - 1탈레르 26아르프스

24. 참수 후 사체는 수레바퀴에 묶고 머리는 장대에 꽂을 때까지의 일체의 비용 - 5탈레르 0아르프스

25. 이에 필요한 밧줄, 쇠사슬, 포목 값 - 2탈레르 0아르프스

26. 교살 - 2탈레르 52아르프스

27. 이에 필요한 밧줄, 못, 쇠사슬 값 - 1탈레르 26아르프스

28. 처형 시작 전에 뜨겁게 달군 불가위로 짓누른다(교살 및 기타 앞에 게재된 비용 일체 포함) - 0탈레르 26아르프스

29. 혀의 전부 또는 일부를 잘라내고, 그 후 뜨겁게 달군 인두로 구강 내부를 지진다 - 5탈레르 0아르프스

30. 이에 필요한 밧줄, 거대한 가위, 나이프 값 - 2탈레르 0아르프스

31. 잘라낸 혀 또는 한쪽 손을 본보기용 판자에 올리고 못 박는다 - 1탈레르 26아르프스

32. 액사, 입수, 그 외의 방법으로 자살한 죄인의 사체를 옮긴 후 구덩이를 파고 묻는다 - 2탈레르 0아르프스

33. 시외 또는 국외로 추방한다 - 0탈레르 52아르프스

34. 감옥 문에 묶고 채찍질(채찍 값 포함) - 1탈레르 0아르프스

35. 구타 - 0탈레르 52아르프스

36. 죄인에게 가쇄를 씌운다 - 0탈레르 52아르프스

37. 가쇄를 씌운 후 채찍질한다(밧줄 및 채찍 값 포함) - 1탈레르 26 아르프스

38. 가쇄를 씌운 후 낙인을 찍고 채찍질한다(석탄, 밧줄, 채찍 및 낙인용 도유[塗油] 값 포함) - 2탈레르 0아르프스

39. 낙인을 찍은 후 신체검사 - 0탈레르 20아르프스

40. 교수대에 사다리를 건다(동일한 날에 교수할 경우에는 인원수는 무관) - 2탈레르 0아르프스

(고문 관련)

41. 고문 도구를 보여주어 공포심을 자극한다 - 1탈레르 0아르프스

42. 제1 단계 고문 - 1탈레르 26아르프스

43. 이를 위한 준비 및 엄지손가락을 으깨기 - 0탈레르 26아르프스

44. 제2 단계 고문(사후의 사지 접골료 및 연고 값 포함) - 2탈레르 26아르프스

45. 제1, 제2 단계를 연속해서 시행할 경우의 두 가지 요금 및 접골료, 연고 값의 총합 - 6탈레르 0아르프스

46. 고문 또는 처형을 위한 여비 및 일당의 하루치(일수 및 죄인 수에 관계없이) - 0탈레르 48아르프스

47. 식사 값(하루치) - 1탈레르 26아르프스

48. 조수(하루치) 수당 - 0탈레르 39아르프스

49. 말 임대료(하루치. 사료 및 마구간 대금 포함) - 1탈레르 16아르프스

이하 50부터 마지막 55까지는 요금 규정이 아니라 이상의 규정을 실시할 시의 주의 사항이다. 이는 생략하고, 마지막 항목 하나만을 게재하겠다.

55. 대주교구의 관리가 주재하는 처형에 있어서 처형관이 요금을 수령한 다음에 또는 요금을 수령하지 않고 특정 액수의 금전을 요구한다는 항의가 많다. 하지만 이와 같은 요구는 부당하다고 판단되는 바 금후 이를 일절 금한다. 고로 대주교구의 모든 관리는 상기의 규정을 엄수하고, 처형이 실시될 경우에는 규정 요금만을 처형관에게 지불하고 그 이외의 지불을 하지 않을 것을 여기에서 명한다. 또한 계산서는 처형 종료 후 영수증을 첨부하여 대주교의 회계 담당자에게 제출할 것.

   1757년 1월 15일 본에서 포고   날인

3. '죽음의 제전'──대량 처형

'죽음의 제전'─판결 선고와 처형

로마 교황 직속의 이단 심문관이 화려한(또는 참담한) 활동을 펼쳤던 시대의 이단자 처형은 판결 선고식을 동반하는 성대한 제전이었다. 스페인 제전을 일반적으로 스페인어로 아우토 데 페(Auto de fé)라고 부르는 것이 스페인의 이단 심문 활동이 다른 어떤 나라보다도 성대했음을 말해주는데, 이 스페인어가 본래는 '신앙 극'을 의미했다는 점이 흥미롭다. '만일 이 행사 중에 아시아인이 마드리드(스페인의 수도)에 왔다면 "이것이 제전인지 공회식인지 그도 아니면 대량 학살인지 알 수 없어 당혹스러워했을 것이다"라고 비꼰 볼테르의 말이 유명한데, 실제로 이 제전은 그것들 전부였다.'(콜턴)

하지만 이와 같은 성대한 '제전'은 경비 사정으로 인해 점차로 축소되었고 간략화되었다. 특히 대중화된 마녀재판 시대의 마녀 처형은 상당히 변변치 않았다. 하지만 이 기회에 마녀재판의 모체인 이단 심문 본래의 '죽음의 제전'을 회상해보는 것도 나름대로 의미가 있을 듯하다.

이 행사의 본래 취지는 이 기회에 가톨릭교회 정통적 신앙의 중요성을 설파하고 그로부터 이탈하는 죄가 얼마나 무서운 것인지를 민중에게 알리는 것이었다. 로마 교회가 이를 '공개 설교'라고 칭한 이유도 여기에 있으며, 일반인의 휴일을 그날로 정하거나 또는 '면죄' 특혜로 낚아서 최대한 많은 구경꾼을 모으고자 했던 이유도 거기에 있었다.

이러한 본격적인 대규모 제전에는 상당한 비용이 요구되었기 때문에 그리 빈번하게 거행할 수는 없었다. 상당수의 이단자가 모일 때까지 기다렸다가 일 년에 한두 번, 나중에 가서는 이 년에 한 번 정도 거행했다.

제전 일정이 정해지면 심문소 관리들은 이 동네 저 동네를 대열을 지어서 거리 행렬하며 제전이 거행될 것이라고 알렸고, 참관자에게는 40일간의 면죄가 주어질 것이라는 취지도 함께 알렸다. 이 예고 행렬은 제전이 거행되기 한 달 전에 행하는 것이 원칙이었다.

제전 전야가 되면 행렬이 이 동네 저 동네를 거쳐서 제전식장까지 행진하는 소위 '전야제'를 했다. 감옥에 갇혀 있는 죄인들에게 본인들의 운명을 알려주는 것도 이날 밤이었다. 사형수에게는 이날 밤부터 참회의 말을 들어줄 수도사가 두 명씩 붙었다.

제전 당일이 되면 모든 죄수는 미명에 집합하여 행렬을 갖추고 감옥에서 식장까지 행진했다. 선두는 창을 든 병사 부대, 그 뒤를 검은 포목을 두른 십자가, 그 뒤를 죄인이 따랐다. 도망 또는 사망한 죄인의 경우에는 몽타주를 플랜카드로 만들어서 운반했다. 때로는 죽은 죄인의 뼈를 파내어 나르기도 했다. 행렬의 후미는 관헌, 교회 관리, 그리고 이단 심문관이 맡았다(행렬의 인원수는 예를 들어 1610년 11월 7일 스페인과 로그로뇨 제전 때는 1000여 명, 1627년 6월 21일 바로셀로나 제전 때는 5~600명이었다고 한다).

제전식장 광장에는 심문관과 피고를 위해 무대가 설치되었고, 주위 건물에는 성속 고위고관의 관람석이 마련되었으며, 일반 민중은 광장을 채웠다…….

의식은 이단 심문관의 설교로 시작되었다. 설교가 끝나면 이단 심문관에 대한 복종과 이단 추방에 대한 협력을 맹세하는 선서의 말을 관리가 낭독했다. 회중 일동은 "아멘!"이라고 이에 응했다. 만일 국왕, 태공, 또는 영주 등도 행렬 중이면 한 손은 십자가에, 다른 한 손은 복음서에 올리고 선서의 예를 갖추었다. 이단 심문의 위엄이 과시되는 최고의 순간이었다.

그 후 드디어 판결 선고가 이루어졌다. 판결문은 일반적으로 장황하게 피고의 죄상을 구체적으로 나열했다. 판결문이 모두 낭독되기까지는 시간이 걸렸다. 마녀 한 명의 판결문을 모두 낭독하는 데 8시간이 걸렸다는 기록도 있다. 의식이 밤중까지 이어질 경우에 대비하여 횃불을 사전에 마련해 두었다. 밤중이 되는 수준을 넘어서, 앞서 언급한 로그로뇨 제전 때는 53명의 이단자(그중에서 29명이 마녀)가 있었는데 11명 분량을 낭독한 것만으로도 첫째 날이 끝났고 나머지는 둘째 날 여명부터 일몰까지 걸렸다. 툴루즈(프랑스)에서 행해진 제전(1310년. 유명한 심문관 베르나르 기가 주관)은 4월 5일 일요일부터 4월 9일 목요일까지 총 5일간이 소요되었다.

이단자의 죄상을 상세하게 낭독하는 것은 대단히 효과적이었다. 식이 끝난 후 형장으로 끌려가는 마녀에게 돌을 던지고, 형가에 묶인 마녀의 얼굴에 불붙은 장작을 던질 정도로 대중의 증오가 이로 인해 들끓어 올랐기 때문이다.

장시간에 걸친 판결 선고가 끝나면 사형수를 제외한 나머지는 재차 행렬을 이루어 원래의 감옥으로 돌아가서 각각 형을 복역했다. 뒤에 남은 사형수는 여기에서 관헌의 손으로 넘겨졌다. 이때 심문관은 "원컨대 피 흘리는 일 없이, 또 죽음에 이르게 하는 일 없이, 자비로서 처벌하기!"이라는 말을 곁들였다. 교회는 처형에는 손을 물들이지 않았던 것이다. 이것이 얼마나 교활한 위선인가는 새삼스럽게 말할 필요도 없을 듯하다.

처형은 판결 선고 식장과는 다른 곳에서 행해지는 것이 원칙이었다. 불타고 남은 죄인의 재를 전부 흘러버리기 위해서 되도록 마을 변두리의 강 근처나 마을 안에 있는 광장, 때로는 공유지 초원 등을 선택했다.

형장에는 사형수 숫자만큼의 화형용 기둥을 세웠고 그 주위에는 장작더미를 쌓았다. 화형 기둥 중에는 죄인을 쇠사슬로 붙들어 매기 위해 사다리를 타고 올라가야 할 만큼 높고 호화로운 것도 있었다. 하지만 대개는 지면 또는 장작더미 위에 세웠고, 때로는 의자에 앉힌 사형수를 묶을 수 있을 만큼 기둥이 작은 경우도 있었다. 그래서 드디어 불을 붙일 때가 되면 사형수는 사형수의 몸에 기대어 세워놓은 장작들 속에 파묻혀서 보이지 않았다. 잔 다르크도 적어도 하반신은 장작 다발에 가려 보이지 않았을 것이다. 왜냐하면 잔 다르크가 여성임을 대중에게 보이기 위해 처형관이 불붙은 장작더미를 갈라 의복이 불타 사라진 잔 다르크의 하반신을 대중에게 보여주었다는 이야기가 전해져 내려오기 때문이다.

후스의 처형 장면

1415년 7월 6일 콘스탄츠(서독일)에서 이단자로 처형된 종교 개혁가 얀 후스의 최후를 본 자가 한 말이다.

'후스는 한 쌍의 장작더미 위에 선 채로 묶였다. 두꺼운 기둥에 발목, 복사뼈 위아래, 허벅지, 허리, 겨드랑이 아래를 밧줄로 단단하게 묶였고, 목은 쇠사슬로 고정되었다. 이때 후스가 얼굴을 동쪽으로 향하고 있는 것을 알 수 있었다. 이는 이단자가 취할 올바른 태도가 아니었으므로 서쪽으로 돌리게 했다. 지푸라기와 함께 장작더미가 그의 주변에 턱 근처까지 쌓아 올려졌다. 처형 감독자였던 영주 루트비히 백작은 콘스탄츠의 집행관과 함께 후스의 곁으로 다가가서 마지막으로 한번 더 개심하라고 권했다. 후스가 이를 거절하자 두 사람은 물러나서 짝짝 하고 박수를 쳤다. 처형관에게 불을 붙이라고 신호로 보낸 것이다. 장작이 모두 불타자 반쯤 불탄 사체를 완전히 불태우기 위해 역겨운 작업이 이루어졌다. ——사체를 잘게 해체하고 뼈를 으깼고 파편과 내장을, 새롭게 추가한 통나무 불 속에 던져넣었다. 후스와 같은 순교자의 시체는, 그것이 유품으로 간직될 가능성이 있는 경우에는 불이 다 꺼진 후 재를 긁어모아서 흐르는 강물에 뿌리는 등의 특별한 주의를 기울였다.'(헨리 찰스 리, 『중세』)

이상은 이단 심문이 왕성하게 이루어졌던 시기의 '이단 판결 선고식(Auto de fé)'의 모습인데, 마녀재판이 이단 심문관의 손을 떠나서 성속 양계의 도처 재판소에서 제각각으로 하물며 빈번하게 이루어지게 되자 만사가 소홀하고 허술해졌다. 세속 재판에 의한 마녀재판에서는 관헌에게 넘기는 위선적인 형식은 물론 필요치 않았다. 이 경우에 처형 주재자는 총독, 시장, 치안판사 등이 맡았고, 식장으로는 영주의 성이나 시청사 앞 광장 등이 이용되었다. 어떠한 경우든 마녀재판의 '죽음의 제전'은 이단 심문관이 주재하는 것처럼 화려하지 않았다. 스코틀랜드의 기록에서는 '골목길 안쪽'처럼 몹시 허접한 곳에서 형이 집행된 사례도 목격된다. 형가도 짧은 말뚝에 지나지 않았다. 때로는 나무통(특히 기름이 담긴 빈 나무통)에 넣어 불태우기도 했다. 잉글랜드처럼 화형이 아니라 교수형이 원칙인 곳에서는 형가 하나에 마녀 여러 명을 매달았다.

어떠한 경우든 우리가 흔히 상상하는 드라마틱한 순교 장면은 그 어디에서도 볼 수 없었다. 브루노와 지롤라모 사보나롤라와 후스와 같은 순교자에게는 진리와 신앙을 위해 목숨을 버리는 영웅적인 모습이 있고, 그랬던 만큼 그 처형식에는 비장함이 감돌았을 것이다. 하지만 마녀에게는 목숨을 걸만한 진리나 신앙의 대상이 아무것도 없었다. 그저 비참함만이 있었을 뿐이다. 하지만 고문의 고통과 감옥에 갇혀 있어야 하는 고통이 이제 곧 사라진다. 미슐레가 말한 것처럼 마녀에게는 '죽음은 행복으로 이어지는 최상의 문'이었다. 이 행복의 문을 최대한 신속하게 빠져나가는 것이 마녀들의 마지막 바람이었을 것이다. 장 보댕이 무자비하게도 찬성한

잉글랜드의 마녀 교수형

'느리게 타는 덜 마른 장작불'이야말로 최후의 그리고 최대의 공포
였을 것이다. 그들의 심정을 이야기해주는 보고서를 소개하겠다.

(리스본 주재의 사제 윌콕스 박사가 본국 솔즈베리의 주교 버넷 박사에게
보낸 편지. 1706년 1월 15일자)
    '지난달 10일자의 명령으로 요전 날에 이 지방에서 치러진
'이단 판결 선고식'에 관한 인쇄물 전부를 송부합니다. 저는 그
과정을 전부 지켜보았습니다. ……여자는 화염 속에서 반 시

간 동안, 남자는 1시간이 넘도록 살아 있었습니다. ……남자
가 불타면서 탄원하는 비통한 목소리가 오랫동안 들렸습니다.
그것은 오로지 장작을 좀 더 넣어주십시오라는 요청이었습니
다. 하지만 그 청원은 받아들여지지 않았습니다. ……등만 완
벽하게 탔기 때문에 그가 상체를 비틀자 늑골이 드러났습니다.
…….'(존 웰드, 『이단 심문의 역사』, 1816년)

'죽음의 제전'(1674년, 포르투갈령 고아).
존 조지프 스톡데일, 『이단 심문 역사(The History of the Inquisitions)』, 1810년에서

제4장
재판 후

1. 마녀의 '진실 자백'

마녀는 자백했고 재판은 끝났다. 마녀들은 감방 바닥에 앉아서 화형에 처해질 날을 기다릴 뿐이었다. 그녀들은 자신이 한 거짓 '자백'을 조용히 반추하고 있을 것이다. 하지만 그것이 제아무리 거짓이었다고 해도 이를 철회할 생각 따위는 하지 않았다. 다시금 고문을 재개하여 거짓 자백을 받아낼 것이기 때문이다. 경우에 따라서는 '이단자로 돌아간 자' 또는 위중한 '이단자 재범'이 될 수 있고, 그리되면 '교살된 다음에'라는 특별 처분이 취소되어 '산 채로' 화형에 처해질 뿐이기 때문이다.

하지만 그들의 마음 깊은 곳에는 자신만이 알고 있는 '진상'이——'진짜 자백'이 무언의 고함을 지르고 있었을 것이다. 하지만 그들이 불탄 후에 남는 것은 거짓 자백에 관한 법정 기록과 이에 근거한 판결문뿐이다. 이것이 그들에 대해 세상 사람들이 알 수 있는 전부였다.

진실된 자백

다만, ——이는 만에 하나, 아니 10만에 하나의 극히 드문 예외적인 경우지만——우연히 그들의 입에서 새어 나온 극소수의 그야말로 '진짜 자백'의 단편이 전해져 내려오는 사례가 있다.

예(1) 17세기 영국의 검사 총장 조지 맥켄지 경이 전한 이야

기. 『스코틀랜드 대법원의 변론』, 1672년)

(스코틀랜드에서 화형에 처해지길 기다리는 마녀 여러 명이 투옥된 감옥을 방문했을 때 그가 은밀하게 들은 마녀의 고백)

"저는 아무런 죄도 저지르지 않았습니다. 저는 그저 그날 먹을 빵값을 그날 벌어야 하는 가난한 사람입니다. 일단 마녀 혐의를 받고 잡힌 이상, 설령 방면되더라도 이런 저에게 먹을 음식을 줄 사람도 거주할 방을 빌려줄 사람도 없을 것입니다. 그저 굶어 죽을 수밖에 없을 거예요. 동네 사람은 저를 때리거나 개를 부추겨 덤벼들게 할 것입니다. 그럴 바에야 차라리 죽는 편이 낫겠다 싶어서 하지도 않은 짓을 했다고 거짓 자백을 하였습니다."(그렇게 말하고 여죄수는 오열했다)

(형장으로 끌려가던 마녀 한 명이 도중에 군중을 향해 소리쳤다.)

"지금 저는 제가 한 자백 때문에 죽게 생겼습니다. ……하지만 분명하게 말씀드리겠는데, 저는 어린아이처럼 결백합니다. 어떤 여자에게 악의적으로 마녀라고 고발당해 감옥에 갇혔고, 남편과 친구한테도 외면당했습니다. 감옥에서 나갈 가망도 없고, 신용을 회복할 방도도 없으니, 오히려 죽는 편이 낫겠다 싶어서 일부러 거짓 자백을 했습니다. ……'

예(2) 히르슈베르크(독일)의 무명의 목사 미카엘 스타피리우스(17세기 전반)는 많은 사형수의 참회 말을 들어주는 일을 했다.

그동안에 처형을 코앞에 둔 죄수가 그에게 누설한 내밀한 고백을 메모해두었다가 책으로 펴냈다.

(그중의 일례, 울래드의 고백)

'고문을 당했고 묘지 근처에 사는 자에 대해 아는 것을 말하라며 강요당했습니다. 반복적으로 질문을 받는 사이에 재판관이 누구와 누구를 내가 밀고하길 바라는지 알게 되었습니다. 이에 저는 소문이 돌던 사람 몇 명의 이름을 말했습니다. 하지만 그 사람들이 어떤 나쁜 짓을 했는지 저는 전혀 알지 못했습니다. ……나중에 그 사람들의 이름을 삭제해달라고 관리에게 부탁했습니다. 그러자 관리는 만약 네가 그자들이 무죄라고 말한다면 또 고문할 것이라고 말했습니다. ……'

(어느 죄수에게 억울하게 죄를 자백한 것을 취소하는 것이 어떻겠느냐고 스타피리우스가 말하자 그녀는 다음과 같이 말했다.)

"보십시오, 선생님! 제 다리를 보세요. 마치 불같습니다. 불타오를 것 같습니다. 파리 한 마리가 앉는 것조차 견딜 수 없습니다. 도저히 한 번 더 고문을 받을 자신이 없습니다……. 두 번 다시 그런 무섭고 고통스러운 일을 당하느니 죽는 게 훨씬 낫겠습니다. 얼마나 지독하게 고통스러운지 도저히 말로는 다 표현할 수 없습니다."

(어느 죄수는 아무런 죄도 짓지 않은 자들을 공범자로 지목한 자신이 지옥

에서 받게 될 신의 천벌을 두려워하며 말했다.)

　　"고문을 받고 제가 이런 위증을 하게 될 줄은 저 자신도 꿈에
　　도 생각지 못하였습니다.'

　당국이 스타피리우스의 해당 서적을 압수한 탓에 현재는 한 권
도 남아 있지 않다. 그 단편을 헤르만 레헬(독일 라인바흐의 판사 보조)
의『절실한 무죄의 애원』(1676년. 집필 시기는 1650년경)에 인용된 글을
통해서 알 수 있을 뿐이다. 그러한 헤르만 레헬의 저서도 딱 한 권
만이 현존하는데, 해당 서적에서 저자는 다음과 같이 말했다. '마
녀재판관의 손에 들어가는 것은 마치 사자와 곰과 늑대와 격투하
는 것과 같다. 피고는 모든 무기를 빼앗겨서 몸을 보호할 방도가
없다.'

　예(3) 유니우스의 유서.
　이상은 설령 간접적으로 전해진 단편에 지나지 않는다고는 하
나, 좀처럼 들을 수 없는 희생자들의 비통한 죽음의 항변인 귀중한
자료이다. 그런데 완전한 형태로 전해 내려오는 흔치 않은 '진실한
자백'의 수기가 있다. 다소 길지만, 귀중한 문헌이므로 전문을 소
개하고자 한다.
　이 수기의 필자, 요하네스 유니우스(당시 55세)는 1628년에 체포
되기까지 20년간 밤베르크 주교령(독일)의 시장 중의 한 명이라는
지위에 있었던 인물이다.

독일은 그리스도교 국가 전체 중에서도 마녀사냥이 가장 맹렬하게 이루어졌던 곳이지만, 그 독일 중에서도 밤베르크는 뷔르츠부르크와 함께 마녀사냥 중심지 중의 한 곳이었다. 1620년부터 30년간 유니우스 및 그 외 주요한 지위에 있던 사람들을 포함하여 600명 이상이 마녀로 화형에 처해진 곳이다.

유니우스 사건에는 주교 고문관 게오르그 한 박사, 그의 아내 우르술라, 딸 마리아, 아들 아담 한 박사, 그리고 유니우스와 노이데커 등 다섯 명의 시장뿐 아니라 성직자까지도 연좌되었다. 이번에 소개할 유니우스의 편지에서는 피고들이 고문에 굴복한 나머지 마음과 달리 서로 고발하고 서로 위증했음을 알 수 있다. 유니우스의 아내는 그가 체포되기 직전에 이미 마녀로 처형된 상태였다. 여기에서 인용할 유니우스의 수기는 부모님 없는 빈집에(큰딸은 수도원에 들어가 있었다) 홀로 남겨진 딸에게 처형 직전에 유니우스가 옥졸에게 부탁하여 몰래 보낸 것이다. 하지만 수기를 소개하기에 앞서 '공식적인 자백'과 '진실한 자백'을 비교해보기 위해 공식 법정 기록을 요약하여 인용하고자 한다.

(법정 기록 초록) 1628년 6월 28일, 수요일. 재판관 브라운 박사(유니우스 아내의 오빠)는 유니우스(55살)에게 고문을 하지 않고 심문했다. 피고는 "그 고발 내용은 전혀 사실무근입니다. 저를 마녀집회에서 봤다고 말한 자의 이름을 알려주십시오!"라고 요구했다. 이에 게오르그 한 박사와 의견 대립을 했다. 한은 유

니우스를 마녀집회에서 보았다고 단언했다. 피고는 이를 전면적으로 부정했다.

계속해서 다른 집의 하녀 엘스와도 말다툼을 했다. 그녀도 마찬가지로 피고를 집회에서 보았다고 증언했다. 유니우스는 이것도 부정했다. 재판관은 공범자의 자백으로 피고의 죄상은 이미 명백하게 밝혀졌다고 말했고, 피고에게 자백을 고려해볼 여유 시간을 주었다(한 박사도 하녀 엘스도 공범자로 이미 기소되어 있던 피고였다).

6월 30일, 금요일. 고문하지 않고 자백하라고 권고했다. 유니우스는 자백하지 않았다. 이에 고문이 이루어졌다. 처음에는 '손가락과 발가락 구속'을 했다. 자백하지 않았다. 이어서 '다리 쪼이기'를 했다. 자백하지 않았다. 아는 바가 아무것도 없다고 말했다.

이에 피고의 옷을 모두 벗기고 신체검사를 했다. 오른쪽 복부에서 토끼풀 모양의 푸른색 마녀 마크가 발견되었다. 이에 바늘로 세 번 찔렸지만 아무것도 느끼지 못했고 또한 피도 나지 않았다.

이어서 '매달기'를 했다. 피고는 "만약 제가 마녀라면 순순히 이와 같은 고문을 당하지 않을 것입니다. 저에게는 악마의 힘이 전혀 없습니다. 제가 무죄라는 증표를 틀림없이 신께서 보여주실 것입니다."

7월 5일. 고문하지 않고 자백하라고 열정적으로 권고했다.

유니우스의 편지. 편지 4장 중에서 첫 번째 장(왼쪽)**과 네 번째 장**(오른쪽)

유니우스가 드디어 자백하기 시작했다. ──4년 전, 본인의 집 과수원에서 산양으로 변신한 악마에게 유혹을 받았으며, 악마에게 세례를 받고 그리스도를 부정했고, 마녀집회에는 대개 검은 개를 타고 하늘을 날아서 참가했다고 자백한 다음, 공범자 몇 명의 이름을 말했다. 재판관은 생각할 시간을 조금 더 준 다음에 폐정했다.

7월 7일. 자백 속행. 마녀집회에 출석하여 그리스도를 부정하고, 악마에게 세례를 받고, 여색마와 성교를 나누는 등의 행위를 하였다고 상세하게 설명한 후 공범자 27명을 고발했다.

8월 6일. 유니우스는 낭독해준 자신의 자백서를 듣고 본인의 자유 의지로 이를 전면적으로 인정했다.

이것이 공식적인 법정 기록이다. 이 '공식적인 자백'으로 '마녀' 유니우스는 먼저 머리를 비틀렸고, 그 후 시체는 화형에 처해졌다.

(유니우스의 편지) 사랑하는 딸 베로니카에게. 아버지는 아무런 죄도 짓지 않았는데 감옥에 투옥되었고, 아무런 죄도 짓지 않았는데 고문당했으며, 아무런 죄도 짓지 않았는데 죽어야만 한다. 이 감옥에 들어온 자는 다들 마녀가 될 수밖에 없단다. 거짓 자백을 할 때까지 계속 고문을 당하기 때문이란다.

아버지가 이곳에서 얼마나 지독한 꼴을 당했는지를 이 틈에 너에게 글로 남겨두려 한다.

내가 처음으로 심문받았을 때는 브라운 박사와 코첸도르퍼 박사, 그 밖에 내가 모르는 사람 두 명이 있었다. 브라운 박사는 "자네는 어째서 이곳에 왔는지 아는가?"라고 나에게 물었다. 나는 "중상모략과 불운 때문입니다!"라고 대답했다. 그러자 박사는 "듣거라. 너는 마녀이리라. 이를 스스로 자백하거라. 아니면 증인과 고문관을 이곳으로 데리고 오겠다!"라고 말했다. 아버지는 "저는 마녀가 아닙니다. 이 점에 있어서 저는 완벽하게 결백합니다. 천 명의 증인이 있다고 하더라도 두렵지 않습니다. 제가 직접 그들의 말을 듣겠습니다!"라고 말했다.

그 후 사법 고문관의 아들 한 박사가 불려왔다. 나는 "박사님, 당신은 저에 대해서 무엇을 아십니까? 저는 여태까지 좋은 일로도 나쁜 일로도 당신하고 얽혔던 적이 없지 않습니까?"라고 말했다. 그러자 그는 "유니우스 씨, 이것은 재판입니다. 당신에게 불리한 증언을 하겠지만 용서해주십시오. 하지만 저는 당신을 마녀 무도회에서 본 적이 있습니다!"라고 말했다. 내가 "그렇군요. 그럼 제가 어떻게 춤을 추었는지 말할 수 있으시겠네요?"라고 물었지만 그는 대답하지 못했다.

이에 나는 그를 정식으로 조사해달라고 재판관에게 요구했다. 하지만 브라운 박사는 "그럴 수 없다. 그가 자네를 보았다고 말한 것만으로 충분하다!"고 말했다. 나는 "그것만으로 증언이 됩니까? 만약 그렇다면 당신의 신변도 결코 안전하다고 할 수 없습니다!"라고 말했다.

그다음으로는 사법 고문관이 불려 왔다. 그도 아들과 같은 말을 했다. 그리고 "자네의 모습을 목격하기는 했지만, 주의 깊게 보지 않아서 자네라는 것을 몰랐다!"라고 말했다. 그다음에는 호프펜 엘스가 불려왔다. "저는 당신이 하우프트 숲에서 춤추는 것을 보았습니다!"라고 말했다.

이에 고문 담당자가 나타나 나의 두 손을 서로 함께 묶고 양 엄지손가락에 '손가락 구속구'를 채웠다. 피가 손톱 사이에서 철철 쏟아졌다(편지의 글씨체로 미루어 짐작했겠지만, 그로 인해 아버지의 양손은 자유롭게 움직일 수 없게 된 지 한 달여가 되었단다). 그 후 옷을 벗겨 알몸으로 만든 후 양손을 등 뒤로 돌려 묶었고 거기에 밧줄을 묶어 나를 천장에 매달았다. 하늘과 땅이 다 사라지는 듯한 고통이었다. 이리하여 여덟 번을 끌어올렸다가 바닥으로 떨어트렸다. 무시무시한 고통이었다.

하지만 하나님께서 내게 용기를 주셨단다. 나는 그들에게 말했다. "당신들이 원하는 것은 나의 몸과 영혼을 망치는 것뿐 아니라 나의 집과 재산 모두를 빼앗는 것이겠죠!"(밤베르크에서는 유죄 판결이 난 마녀 재산의 3분의 2는 주교의 손에, 나머지는 재판관의 손에 들어간다)

브라운 박사가 "너는 사악한 놈이야!"라고 말했기에 나는 "저는 사악한 놈이 아닙니다. 당신들과 마찬가지로 훌륭한 신사입니다. 하지만 이대로 간다면 밤베르크의 신사는 그 누구도 안전하지 않을 것입니다. 나와 마찬가지로 당신도!"라고 받아쳤다. 그러자 박사는 "난 악마와 인연을 맺은 적이 없네!"라고 말했다. "저도 그렇습니다. 당신이 호출한 가짜 증인과 당신이 쓰는 무시무시한 고문 도구야말로 악마입니다. 설령 당신이 하는 고문 전부를 끝까지 참아낸다고 하더라도 당신은 그 누구도 방면해주지 않을 테지요."

내가 이러한 고문을 받은 것은 6월 30일 금요일이었다. 그러한 고문을 견딜 수 있었던 것은 하나님의 조력 덕분이다. 그 후로 나는 스스로 옷을 입을 수도, 손을 쓸 수도 없게 되었다. 그외 여러 가지 고통을 아무런 죄도 짓지 않았음에도 받아야 했다. 드디어 나를 감옥으로 다시 데리고 돌아간 고문 담당자가 나에게 말했다. "어르신, 제발, 거짓말이라도 상관없으니까 무언가 자백하세요. 생각해보십시오. 저자들이 하는 고문을 어르신께서는 도저히 견딜 수 없습니다. 설령 견딘다 하더라도 그걸로 이 일은 종결되지 않습니다. 설령 당신이 귀한 분이라고 해도 말입니다. 저 사람들은 몇 번이라도 고문을 반복할 것입니다. 저 사람들의 사고방식으로 미루어 짐작하겠지만, 마녀라고 자백하실 때까지 어르신을 결코 방면해주지 않을 것입니다. 결말은 모두 똑같습니다."

그때 또 다른 고문 담당관이 와서 주교는 나를 모두에게 보일 본보기로 삼을 생각이라고 말해주었고, "뭐든 상관없으니까 자백할 말을 준비해두세요. 설령 죄가 없더라도 도망칠 수 없으니까!"라고 말했다. 노이데커와 그 외의 사람들도 그렇게 말했다. 이에 나는 하루 동안 유예 시간을 달라고 요청했고, 사제를 만나게 해달라고 부탁했다. 하지만 사제를 만나게 해달라는 요청은 거절당했다.

나는 드디어 자백했다. 모두 꾸며낸 말이었다. 아버지는 다음과 같이 자백했다. 더는 도저히 견딜 수 없었기 때문이다. 지독한 고문에서 벗어나고 싶었기 때문이다(앞서 언급한 법정 기록과 거의 흡사한 내용의 자백이 간단하게 기록되어 있으나 생략함-저자 주).

이제 이것으로 모든 게 끝이라고 아버지는 생각했다. 그런데 또 그들은 고문 담당자를 호출했다. 그리고 "네가 출석했던 무도회의 장소를 말해라!"라고 말했다. 나는 대답할 수가 없었다. 그런데 전에 고문관과 그의 아들과 엘스 등이 말했던 하우프트 숲과 그 외의 장소가 떠오르기에 그것을 말했다. 그러자 그들은 "그 무도회에서 누구를 만났느냐?"라고 물었다. 누구인지 전혀 알아볼 수 없었다고 나는 대답했다. "이놈이! 한 번 더 고문을 받아볼 테냐? 고문관이 거기에 있었지 않느냐!"라고 말했다.

"맞습니다. 있었습니다!"라고 나는 대답했다. "그 외에 누가 또 있었느냐?", "몰라요!"라고 내가 대답하자 재판관은 관리를 보고 "피고를 데리고 나가서 먼저 시장부터 시작해서 모든 거리를 하나하나 끌고 다니거라!"라고 명령했다.

나는 그 거리 하나하나에 사는 지인의 이름을 말해야 하는 것이다. 어느 긴 거리에 도착했다. 하지만 그 거리에는 내가 아는 사람이 한 명도 없었다. 하지만 어쩔 수 없이 여덟 명의 이름을 말했다. 그러고 나서 진켄웨르트 거리로 갔다. 그곳에서 또 나는 한 명의 이름을 말했다. 이윽고 게오르그도르로 통하는 상류 다리에 도착했다. 그 어느 쪽에도 내가 아는 사람이 없었다. "성 내에는 아는 자가 없느냐? 누구든지 상관없다. 대담하게 말하거라"라고 말했다. 이리하여 관리는 새로운 거리에 도착할 때마다 반복해서 물었다. 하지만 더는 그 누구의 이름도 떠오르지 않았고, 또 더는 말하고 싶지 않았다. 이리하여 또 나는 고문 담당자 손으로 넘어갔다. 재판관은 나의 옷을 모조리 벗기고 털을 깎고 "이 녀석을 매달아라!"라고 명령했고 "너는 시장에 아는 사람이 한 명은 있었을 것이다. 그 녀석과 매일 같이 지냈을 것이다. 그런데도 너는 그 녀석의 이름을 말하려 하지 않았다!"라고 말했다. 디트메리 시장을 말하는 것이다. 그래서 나는 또 그 이름을 말할 수밖에 없었다.

다음으로는 내가 어떤 죄를 저질렀는지 말하라고 했다. "아무런 죄도 범하지 않았습니다!"라고 나는 대답했다. 그러자 재판관은 나를 후려갈겼고 "이 녀석을 고문대에 올려라!"라고 명했다. 이에 나는 "제 자식을 죽이라고 악마한테 명령받았지만, 자식 대신에 말을 죽였습니다!"라고 대답했다. 하지만 그들은 그 대답에 만족하지 않았다. 이에 나는 "제병(성체의 빵)을 훔쳐다가 땅에 묻었습니다!"라고 말했다. 이렇게 자백하자 드디어 나를 풀어주었다.

이것이 내가 자백한 전부이다. 이제 나는 죽어야 한다. 아아! 그것은 모두 거짓이고, 꾸며낸 말이다. 지금까지 견뎌온 고문보다 더 무서운 고문을 받을 것이 두려워서 나는 이런 거짓말을 하고 말았다. 무언가를 자백할 때까지 그는 결코 고문을 멈추지 않는다. 제아무리 신을 믿는 경건한 사람이라도 그들의 손아귀에 들어가면 모두 마녀가 되고 만다. 설령 고관대작이라고 해도 벗어날 수 없다. 하나님께서 진실을 비추어 주시지 않는 한 우리의 친구도 친척도 다들 화형에 처해질 것이다. 다들 나와 마찬가지로 자백할 수밖에 없으니까 말이다.

네가 나와 마찬가지로 경건한 마음으로 하나님을 믿는다는 것을 아버지는 안다. 그럼에도 너는 여러 가지 고생을 많이 하며 살아왔다. 만약 가능하다면 있는 돈을 모두 챙겨서 반년가량 순례를 하는 것이 좋겠다. 또는 앞으로 상황이 어떻게 돌아갈지 알게 될 때까지 한동안 교구 밖으로 나가 있는 것이 좋을 듯하다.

밤베르크에는 교회에서 기도를 올리고, 일을 성실히 하고, 나쁜 짓을 하지 않고, 나와 마찬가지로 때 묻지 않은 양심을 가진 사람이 많다. 그런데도 그 사람들이 마녀의 감옥에 들어가게 된다. 그리고 말을 할 수 있는 혀가 있는 한 거짓말이든 사실이든 무언가를 자백해야 한다. 노이데커, 주교 고문과 그의 아들, 칸데르기자, 관리의 딸, 하녀 엘스. 모두가 한통속이 되어 나를 고발했다. 빠져나갈 길은 없었다. 하지만 나와 같은 운명에 있는 사람이 많이 있다. 하나님께서 손을 빌려주지 않는다면 그러한 사람들은 더욱더 많아질 것이다.

사랑하는 딸아, 그 누구도 보지 못하도록 이 편지를 숨겨두거라. 그렇지 않으면 아버지는 또 무시무시한 고문을 받고, 이 편지를 전해준 옥졸은 목이 비틀릴 것이다. 냉혹한 규칙이 있기 때문이란다. 사촌 동생 슈터멜에게는 몰래 보여주어도 된다. 그 남자라면 비밀을 지켜줄 테니까. 편지 심부름을 해준 남자에게 1탈레르를 주거라.

이만큼을 쓰는 데 며칠이 걸렸다. 내 손은 양쪽이 모두 망가졌단다. 몹시 비극적인 상태다. 아무쪼록 이 편지를 비밀로 하거라. 그리고 내가 죽으면 하나님을 위해 순교한 이 아버지를 위해 기도해주려무나. 하지만 이 편지의 존재를 다른 사람이 알지 못하도록 주의하거라. 안나 마리아(수도원에 있는 큰딸-저자 주)에게도 나를 위해 기도해달라고 전해주렴. 나는 마녀가 아니라 순교자라고 하나님에게 맹세한다.

잘 지내거라. 너의 아버지, 요하네스 유니우스는 이제 두 번 다시 널 만날 수 없을 것이다.

그래서 몇 번이고 몇 번이고 네게 "잘 지내거라!"라고 말해두고 싶다.

1628년 7월 24일

(편지지 가장자리의 여백에 쓴 추신-저자 주)

나를 고발한 자는 여섯 명이다. 주교 고문, 그의 아들, 노이데커, 자넬, 호프마이스터 우르젤, 그리고 호프펜 엘스. 하지만 실은 그들도 거짓 자백을 강요당했단다. 그들은 나보다 먼저 처형되었다. 그들은 처형되기 전에 나에게 용서해달라고 말했다. 그들은 내가 선량하고 친절하다는 것 외에는 나에 대해 아무것도 모른다고 내게 말했다. 나와 마찬가지로 그들도 어쩔 수 없이 내 이름을 말한 것이다. 나에게는 참회의 말을 들어줄 수도 승도 붙여주지 않았다. 그러니까 내가 쓴 얘기를 주의 깊게 읽어주렴. 그리고 편지는 엄중하게 숨겨두거라.

이 편지는 지금도 독일의 밤베르크시 도서관에서 보관 중이다 (170페이지의 사진도 이 도서관에서 복사한 것). 이 편지야말로 '진실한 자백'이다. 하지만 이 진실도 이 도서관의 사서 라이트슈 박사가 1883년에 공표할 때까지는 세상에 알려지지 않고 묻혀 있었다.

예(4) 리베카의 편지

남독일, 바이에른의 자유도시 뇌르틀링겐에서 1590년 5월부터 9월까지 지위가 있는 11명의 마녀가 처형되었다. 이는 그중의 한 명인 리베카(공인회계사 페터 렘프의 아내, 여섯 아이의 어머니)가 4월에 체포되어 옥중에서 남편에게 보낸 편지이다. 이러한 희생자가 어떤 비극을 겪었는지를 아는 데 도움이 될 것이라고 판단되어, 사정을 아무것도 모른 채 옥중에 있는 모친에게 보낸 아이들의 편지도 함께 소개하고자 한다. 이 편지들은 재판관에게 발견되어 법정 기록에 첨부되었다. 참고로 이 해가 끝날 때까지 (당시에는) 작았던 이 마을에서 32명의 마녀가 화형에 처해졌고, 그중에는 시장과 시참사 등의 아내도 있었다.

　　(아버지가 여행을 떠난 사이에 여섯 명의 자식이 어머니에게)

　사랑하는 어머니께. 저희는 다들 건강하게 잘 지내고 있어요. 어머니께서 건강하게 잘 계시다는 얘기를 전해 들었어요. 아버지께서는 오늘 돌아오실 것 같아요. 아버지께서 돌아오시면 바로 알려드릴게요. 하나님, 아무쪼록 어머니께서 몸 건강하게 저희 곁으로 돌아오게 해주세요. 아멘.

　그리운 어머니, 맥주랑 빵을 사 둘게요. 생선튀김도 조금 챙겨둘게요. 작은 약병아리를 가지러 오세요. 저는 두 마리를 막 잡았어요. 룸멜 선생님께서 우리 집에서 식사를 하셨거든요. 만약 돈이 필요하시면 가지러 오셔요. 어머니 지갑에 얼마간 들어있으니까요.

그럼 편지를 마칠게요. 사랑하는 어머니, 집으로 돌아올 때까지 우리 걱정은 전혀 하지 않으셔도 돼요.

당신을 사랑하는 딸, 리베카 렘핀.

당신을 사랑하는 딸, 안나 마리야 렘핀.

당신을 사랑하는 딸, 마리야 살로메 렘핀.

당신을 더 없이 사랑하는 아들, 요안네스 콘드라두스 렘핀(학교에서 라틴어를 배우기 시작했는지 라틴어로 문장을 썼으며, 서명도 라틴풍-저자 주)

당신을 사랑하는 아들, 사무엘 렘프.

X(아직 글을 쓰지 못하는 어린아이, 페터의 사인-저자 주)

잘 지내세요. 잘 지내세요. 천 번을 말씀드려요. 잘 지내세요.

(리베카가 남편에게. 아직 고문이 시작되지 않았음을 알 수 있다.)

사랑하는 당신에게. 걱정하지 마세요. 제아무리 고발을 많이 당했어도 저는 결백합니다. 그렇지 않다면 지옥의 악마가 모두 쫓아와서 제 몸을 갈가리 찢는대도 괜찮아요. 설령 제 몸을 부수거나 또는 천 갈래 만 갈래로 잘게 다지더라도 저에게는 아무것도 자백할 것이 없어요. 그러니까 걱정하지 말아요. 저의 양심과 영혼을 걸고 저는 결백하니까.

고문을 받게 될까요? 그럴 리 없을 거예요. 저는 아무런 죄도 짓지 않았으니까요. 만약 제가 무언가 나쁜 짓을 했다면, 하나님, 부디 저를 영구히 눈에 닿지 않는 곳으로 추방해 주세요. 만약 사람들이 제 말을 믿지 않는다면 모든 것을 아는 전능한 하나님께서 저를 믿도록 기적을 일으켜 주실 테지요. 그렇지 않고 제가 이 불안 속에 머물러 있어야 한다면 하나님은 존재하지 않는 거예요. 저를 외면하지 말아 주세요. 제가 결백하다는 것을 당신도 아실 거예요. 부탁드려요. 숨 막히는 이 고통 속에 절 그대로 두지 말아주세요!

(위의 편지를 쓴 때로부터 몇 개월 후. 다섯 번째 고문을 받은 후. 리베카가 남편에게.)

아아, 여보! 나는 나의 단 하나뿐인 당신과 아무런 죄도 짓지 않았는데 헤어져야만 하는 건가요? 만약 그래야 한다면 저는 하나님을 영원히 원망할 거예요. 재판관들이 강제로 자백을 받아내려고 합니다. 저도 고문을 받았습니다. 하지만 저는 하늘에 계신 하나님과 마찬가지로 결백합니다. 만약 제가 그런 것에 대해 아주 조금의 지식이라도 가지고 있다면, 하나님, 아무쪼록 저를 천국의 문에서 내쳐주십시오. 아아, 여보! 내가 사랑하는 당신! 가슴이 찢어질 것만 같습니다. 어미 없이 살아가게 될 나의 가여운 아이들! 여보, 무언가 저를 죽게 해줄 약을 보내주세요. 그렇지 않으면 저는 고문에 굴복할 것 같습니다. 오늘이 아니라면 내일 보내주세요. 즉시 보내주세요. 리베카 드림.

(뒷면에) 아아, 결백한 나 리베카의 당신. 저자들은 저를 당신

으로부터 억지로 떼어놓으려고 합니다. 이런 짓을 어찌 하나님께서는 용서하시는 걸까요? 만일 제가 악마라면 그 어떤 동정도 필요치 않습니다. 아아, 너무나도 지독한 일입니다. 하나님께서는 왜 제가 하는 말을 들어주지 않으시는 건가요? 무언가저를 죽게 해줄 약을 보내주세요. 그렇지 않으면 제 영혼까지위태로워질 듯합니다.

마지막 말은 고문에 굴복하여 거짓 자백을 하고 지인을 배신하고 무고한 공범자를 만들어낼지도 모를 '양심의 위기'를 두려워하고 있음을 보여준다. 남편 페터는 아내의 결백을 호소하며 사면을청하는 장문의 탄원서를 두 번에 걸쳐 재판관에게 제출했다. 하지만 마녀재판 법정의 문은 언제나 처형장으로 이어지는 입구였다. 9월 9일에 리베카는 화형에 처해졌다.

2. '새로운 연금술'──재산 몰수
처형 후의 비용 변제

재판은 모두 끝났고 마녀들은 이미 불탔다. 재판관들은 고생을치하하는 위로 연석 자리에 앉아서 화형에 처해진 마녀의 숫자만큼 그리스도교 국가가 정화되었음에 기뻐했다. 한편, 화형에 처해진 마녀 중에서──마녀재판의 이론에 따르면──자백(하물며 거짓 자백)하고 공범자(그것도 무고한 공범자)를 고발한 마녀는 '회개한 자'이 므로 지금쯤 천국으로 올라갔을 것이고, 최후까지 위증하길 거부 하며 공범자를 날조해내지 않은 마녀는 '고집스러운 자'이므로 지 옥에 떨어졌을 것이다.

그런데 이것으로 모든 것이 끝난 것이 아니었다. 마녀가 받아야 하는 벌은 아직 남아 있다. 체포될 때부터 처형되기까지, 아니 처 형이 끝난 지금 관리들이 개최하려는 위로 연석의 비용까지를 포 함한 모든 경비를 마녀 본인이 지불해야 한다. 체포, 심문, 고문 수 수료, 옥내 식비, 본인의 목을 졸랐던 밧줄 값, 본인의 오체를 불태 운 장작 값, 기름 값, 그리고 재판관, 하급 관리, 처형관의 일당과 여비 등의 일체를 처형된 마녀가 사후에 변제해야 했다. 따라서 마녀의 유산을 몰수하는 것은 재판관의 중요한 업무 중의 하나였 다.

이단에 엄격했던 로마법에서조차 이단자의 재산은 그 상속인이 이단죄를 범하지 않는 한 몰수하지 않는 것이 규정이었다. 하지만 12세기 무렵부터 교회의 태도는 만사에 있어서 정상이 아니었다. 이단 심문법의 기본이 된 에이메리히의 『지침』은 '이단과 같은 중 대한 죄에 있어서는 이 규정을 적용하지 않는다'고 했으며, 이단죄 는 본인 사후에도 추궁해야 마땅한 것이므로 만약 본인 생전에 한 이단 행위가 본인 사후 40년 이내에 유죄로 판결 난 경우에는 그 자손에게 남겨진 유산을 몰수할 수 있다고 규정했다.

토르케마다의 『교본』 28조는 이듬해에 11조가 추가되어 39조가 되었는데, 추가 조항의 반절 이상에 해당하는 6조가 모두 재산 몰수에 관한 것이었다. 이는 심문관이 재산 몰수에 얼마나 관심이 많았는지를 보여준다. 생전에 한 이단 행위를 사후에 추궁한다는 것은 요컨대 유산 몰수가 주요한 목적, 아니, 적어도 주요한 목적 중의 하나였다는 뜻이 아닐까?

신중한 재산 조사

당국은 피고의 재산을 주도면밀하게 조사했다. 피고를 체포함과 동시에 재산 관리를 담당하는 관리는 피고의 가택을 수색하여 모든 장부와 서류를 압수했다. 현존하는 동산과 부동산은 당연히 몰수했고, 피고에게 채권이 있는 경우에는 채무자를 호출하여 부채 내용을 조사 기록한 다음 이를 채무자로부터 빼앗는 일도 게을리하지 않았다.

참회의 말을 들어주는 수도승을 이용하여 사형 집행일이 내일로 다가온 이단자로부터 채권 금액과 출납부의 위치를 알아내 유산 목록에 기입한 근면한 관재 관리도 있었다.

또 어떤 심문관은 이미 20년 전에 처형된 이단자가 생전에 여동생에게 결혼 지참금으로 준 14수엘도의 돈을 과거로 거슬러 올라가서 몰수하려고 애썼다. 하지만 조사 결과, 그 여동생은 이미 사망했고 상속인인 그녀의 아들도 어떤 죄를 지어서 이미 재산이 몰수된 상태인 것으로 판명 났다. 그제야 겨우 14수엘도는 유산 목록에서 삭제되었다.

'새로운 연금술'

사실, 이단 심문을 하는 데는 돈이 들었다. 심문소 건설, 감옥 설치, 심문관 및 이하 여러 관리의 봉급과 수당, 죄인의 식사, 이단자 적발, 재판, '죽음의 제전' 봉행……등에 소요되는 막대한 경비를 누가 부담할 것인가는 오랜 시간 동안 종종 논의된 문제였다. 이는 당연히 몰수 재산이 누구에게 귀속될 것인가라는 논쟁이 되기도 했다. 국왕과 교황, 심문관과 주교, 주교와 제후……등의 사이에서 논쟁이 벌어졌다. 12~13세기 남프랑스에서처럼 큰 성곽을 가진 영주와 영민을 포함하는 부유한 이단자가 대량으로 적발 및 처벌된 경우에는 설령 경비를 부담하더라도 몰수 재산의 처분권을 획득하는 편이 이득이었다.

하지만 14~15세기가 되자 부유한 이단자는 적어졌고, 따라서 남는 이득도 적어져서 제후는 기쁜 마음으로 경비를 부담하지 않게 되었다. 마녀의 이단화가 이 무렵부터 급격하게 표면화되기 시작한 것은 이단 심문관이 마녀한테서 몰수한 재산을 새로운 재원으로 삼으려 했기 때문이라는 추정이 억측만은 아니다. 몰수 재산을 획득할 목적으로 이단 적발이 증가하는 현상을 로마 교황이 종종 비난한 사실이 이 억측을 긍정해준다.

신성 로마 제국이 재산 몰수를 금한 1630년부터 1631년까지의

2년 동안에는 마녀 적발이 급격하게 감소했다(예를 들어 밤베르크시에서 1626년부터 1629년까지는 매년 평균 100명이 처형되었는데, 1630년에는 겨우 24명이 처형되었고, 1631년에 이르러서는 제로가 되었다). 또 재산 몰수를 금했던 쾰른시에서는 다른 지역에 비해서 마녀 처형 수가 훨씬 적었다.

좌우간 이단자한테서 몰수할 재산에 대한 재판관의 집착은 어마어마했다. 이단자의 송장에 따라붙는 재산 몰수권을 획득하기 위해, 이미 부패하기 시작한 시체를 서로 차지하기 위해 성직자끼리 싸우는 일이 결코 드물지 않았다. 또 심문관들은 재판 결과를 기다리지 않고 재산 몰수를 집행하기도 했다.

막대한 부를 소유한 유대인이 이단 적발의 타깃이 된 것은 몰수 재산액과 이단 추궁 열기가 정비례했음을 보여주는 일례이다.

썩기 시작한 이단자의 시체를 서로 차지하기 위해 성직자끼리 다투는 일도 '이단을 개종시키는 과정에서 발생하는 일은 모두 인정된다'고 보는 에이메리히와 토르케마다의 관점에서 보면 옳은 일이다. 하지만 이것이 이단 심문이라는 지고한 임무 수행을 뒷받침하기 위해서라면 모를까, '왕실과 이단 심문소의 금고로 들어간 것은 본래 소유자한테서 빼앗은 몰수액의 일부에 지나지 않았다. 몰수 재산은 관리의 손안에서 녹아서 사라져버렸다'(헨리 찰스 리, 『중세』)라는 상황에 이르러서는 몰수 재산을 둘러싼 타락이 이미 구제할 길이 없는 지경이었다고 할 수 있다.

'몰수한 재산 중에서 현금과 증권 이외에는 모두(부동산 포함) 경매 시장에서 경매에 붙여졌고, 관재 관리와 공증인의 눈앞에서 매매되었지만, 이때 관리와 입찰자는 상습적으로 서로 담합했고, 물건은 언제나 지나치게 낮게 평가되었으며, 매매는 최저가로 거래되었다.'

'어떤 심문관은 몰수 재산을 착복하기 위해 피고에게 유죄 판결을 내리고, 피고에게 부채가 있는 자를 채무 말소를 조건으로 매수하여 피고에게 불리한 위증을 하게 시켰다.'

'어떤 관재 관리는 피고가 지고 있던 채무를 자신의 직권으로 피고의 몰수 재산에서 변제하고, 그 대가로 채권자로부터 소위 빚 징수료를 보수로서 받아 챙겼다.'(이상은 헨리 찰스 리의『스페인』)

이런 종류의 부정행위는 몰수 재산과 관련해서뿐 아니라 이단 심문의 온갖 면에서 나타났다.

당시에 '재판은 돈벌이가 쏠쏠한 일(magnum emolumentum est justicia)'이라는 속담이 있었다. 마녀재판의 경우에는 이 장사 밑천이 고문대와 장작더미였다는 점이 비극이다. 당시로서는 좀처럼 들을 수 없던 말이 신부 한 명의 입에서 새어 나온 것이 최근에 발견되었다. ——'잔인한 도살에 의해 죄 없는 사람들이 목숨을 빼앗겼고, 새로운 연금술은 사람의 피로 금과 은을 만들었다……'(코넬리우스 루스『마법의 진실과 거짓[De vera et falsa magia]』, 1592년)

3. 재판 비용 명세서

이 악착같은 재판에는 비용이 얼마나 들었을까? 여러 서적의 이곳저곳에서 관찰된 몇몇 비용 명세서 부류를 모아서 참고해보고자 한다. 재판 비용의 전모를 파악하기에는 불충분하지만, 일반 기록에서는 볼 수 없는 행동 세부를 엿볼 수 있다는 점에서 흥미롭다. 당시 화폐 가치를 오늘날의 가치로 환산할 만한 지식이 나에게 없어서 안타깝지만, 오늘날의 물가를 기준으로 다소 상대적인 가치 판단은 못 할 것도 없다.

예(1) (1323년 4월 24일, 카르카손에서 이단자 4명을 화형시키는 데 소요된 비용)

1, 장작(두꺼운 목재)	55솔 6데니어
1, 장작(포도나무 가지)	21솔 3데니어
1, 짚	2솔 6데니어
1, 형가 4대	10솔 9데니어
1, 죄인을 묶을 밧줄	4솔 7데니어
1, 처형관(각 20솔)	80솔 0데니어

합계 8리브르 14솔 7데니어

예(2) (1646년 9월 11일, 몽벨리아르[프랑스 동남부]의 마녀 에이드리엔 되르의 처형 비용 명세서)

1, 25프랑 - 사제장, 서기, 시장, 외과 의사 4명 및 간호사 조식대

1, 15프랑 9그로스 - 초대된 주요 인물 및 시민의 식사대

1, 26프랑 - 사례비

　　내역　3프랑 4그로스 - 성직자 2명

　　　　　1프랑 8그로스 - 이단 심문소 대표

　　　　　1프랑 8그로스 - 시장

　　　　　13프랑 0그로스 - 시장 9명 및 주요 인물 4명

　　　　　1프랑 0그로스 - 서기

　　　　　2프랑 3그로스 - 보좌 2명 및 야곱

　　　　　3프랑 0그로스 - 외과의사 4명

예(3) (처형 비용 영수증)

　위르뱅 그랑디에의 화형용 장작, 묶는 데 사용된 형가 및 형장에 남겨둔 목재 등의 대금으로서 19리브르 16솔을 분명하게 영수했습니다.

　　1634년 8월 24일　　　　　루덩에서 델아르(서명)

　(그랑디에가 처형된 날은 8월 18일이므로 6일 후에 지불한 셈이다)

예(4) (1596년 2월, 애버딘[스코틀랜드]에서 시행된 마녀 자넷과 이자벨의 처리 비용 11파운드 10실링 중에서 직접 화형에 소요된 비용의 명세서)

　40실링 0펜스 - 이탄 20상자

　24실링 0펜스 - 석탄 6부셸

　26실링 8펜스 - 콜타르를 바른 통 4개

16실링 8펜스 - 전나무 통 및 철제 통 각 1개씩

16실링 0펜스 - 형가 및 장식비

4실링 0펜스 - 교수용 밧줄 24피트

8실링 4펜스 - 이탄, 석탄, 타르를 언덕 위까지 운반하는 비용

13실링 4펜스 - 치안판사 입회 수당 1명분

예(5) (1636년 11월 19일, 커콜디[스코틀랜드]에서 시행된 윌리엄 콕과 알

리슨 딕 두 명의 처리 비용)

석탄 10상자 - 3파운드 6실링 8펜스

타르를 바른 통 1개 - 0파운드 14실링 0펜스

교수용 밧줄 - 0파운드 6실링 0펜스

짧은 겉옷용 삼베 - 3파운드 10실링 0펜스

짧은 겉옷용 삼베 바느질 비용 - 0파운드 8실링 0펜스

영주를 대신하여 재판관으로서 참석한 자 1명의 수당 - 0파

운드 6실링 0펜스

처형관 수당 - 8파운드 14실링 0펜스

처형관 일당 - 0파운드 16실링 4펜스

예(6) (처형된 스코틀랜드의 마녀 마가렛 던홈의 몰수 재산으로 이미 변제한

재판 비용의 부족분을 그녀가 거주하던 토지의 지주 알렉산더 로돈에

게 변제시킨 명세서)

마가렛 던홈의 감금 및 처형에 소요된 비용의 부족분 65스코

틀랜드·파운드 14실링. 1649년에 번캐슬에 거주하는 마가렛 던홈을 대신하여 릴스톤의 알렉산더 로돈이 변제. 그 명세는 이하와 같다.

1, 윌리엄 커리 및 앤드류 그레이에게. 피고의 감시료 30일분 (하루 30실링) - 45파운드 0실링

1, 존 킨케드에게. 바늘로 찌르기 값 추징금 - 6파운드 0실링

1, 피고 및 감시인 음식물 및 술값 추징금 - 4파운드 0실링

1, 피고의 피복대 추징금 - 3파운드 0실링

1, 타르를 바른 목재 2개 추징금 - 0파운드 4실링

1, 목재 2개 대금 및 직공 수당 추징금 - 3파운드 0실링

1, 해딩톤에 거주하는 처형관에게. 왕복 여비 및 일당 - 4파운드 14실링

1, 처형관 접대용 음식물 및 술값 추징금 - 3파운드 0실링

1, 처형관 송영인 및 말 2마리에 대한 송영비 추징금 - 0파운드 40실링

1, 피고의 음식물 값(30일분) 추징금 - 6파운드 0실링

1, 관리 2명분의 수당 및 추징금 - 10파운드 0실링

합계 92파운드 14실링　　　　　길버트 로더 서명

위의 마가렛 던홈 자비 부담 27파운드, 차감 65파운드 14실링

(이 명세서 합계는 잘못되었으며, 정확한 합계는 88파운드 14실링이다. 의도적으로 부풀려서 청구한 것인지 실수인지는 확인할 방법이 없지만, 왕왕 고의로 부정하게 청구액 실수를 했다고 전해진다)

카르카손성의 이단 심문 탑

에필로그

1. 마녀사냥과 신교도

마녀재판이 확립될 때까지 긴 역사가 가톨릭 세계에 속해 있었으므로 마녀사냥의 주역은 가톨릭이고 프로테스탄트는 조연에 지나지 않았다고 착각할 수 있다. 특히 프로테스탄트를 혁신적인 자유의 전사로 받아들이면 이 착각은 한층 심해진다.

근대적인 르네상스 운동과 종교 개혁 운동은 시작부터 최후까지 중세적 마녀재판이 이루어진 때와 그 시기가 겹쳐진다.

구교와는 다른 신교, 완고하고 무식한 보수 세력과는 다른 진보적인 혁신 세력이라는 소박한 이미지를 가지고 있기 때문에, '옛 교회'에 대한 '항의자'로서 봉기한 신교도인 만큼 그러한 옛 교회가 시작한 마녀사냥에 강하게 저항했을 것이라고 우리는 자연스럽게 기대한다. 하지만 이 기대는 르네상스의 거성들에 대한 우리의 기대와 마찬가지로 완전히 배신당했다. 신교도는 구교도와 마찬가지로, 아니, 구교도 이상으로 완고하고 무식한 미신가였으며 열정적인 마녀재판관이었다.

물론 새로운 마녀 개념을 창작한 것도 또 그것을 이단 심문에 적용하여 마녀재판을 시작한 것도 구교도라고 앞서 미리 밝혔다.

하지만 그 마녀 개념을 그대로 고스란히 이어받은 후 그에 근거하여 마녀재판을 한층 화려하게 만든 것은 신교도였다.

종교개혁에서 시작된 마녀 선풍

종교개혁의 거점 중의 하나였던 독일은 가장 가열차게 마녀사냥이 이루어진 본고장이다. 독일에서 마녀사냥의 열기가 가열된 것은 종교개혁 때부터였으며, 신교도의 손에 의해서였다.

독일의 뒤를 이어서 바쁘게 마녀사냥을 한 스코틀랜드에서도 종교개혁 전에는 단 한 명의 마녀도 화형에 처해지지 않았다. 적발과 처형이 격화된 것은 신교의 왕 제임스 6세가 히스테릭하게 마녀사냥을 하면서부터였으며, 칼뱅주의 장로교회의 손에 의해서였다.

잉글랜드는 본래부터 가톨릭교회의 이단 심문 제도가 세력을 뻗치지 못한 지역이고 따라서 마녀재판 열풍도 다른 나라에 비해 미약했는데, 그런 잉글랜드에서도 마녀 추궁이 심해진 것은 신교국으로서의 기치를 뚜렷하게 밝힌 엘리자베스 여왕이 마녀사냥 강화령을 발포(1563년)하면서부터였다. 마녀사냥은 제임스 1세의 강화령(1604년)에 의해 더욱 강력하게 추진되었고, 청교도의 지배하에서 정점에 달했다.

구교의 세력이 압도적으로 강해 신교와의 항쟁이 미약하게 이루어진 아일랜드에서는 최초의 마녀재판(1314년)부터 최후의 마녀재판(1711년)까지 겨우 5건가량의 마녀재판이 이루어졌다. 그것도 최초의 마녀재판을 제외한 나머지 전부는 신교도의 손에 의해 이루어진 재판이었다.

애당초 마녀재판은 로마 교회에 반항하는 이단자를 이단 심문관이 '악마와 결탁한 자'로 처리한 것에서부터 시작되었다. 따라서 신구 양 교도가 서로를 이단자——악마와 결탁한 자——로 처리하려고 하면 쌍방 측에서 마녀재판이 격화되는 것은 자연스러운 흐름이다. 개혁 운동에 대항하여 봉기한 가톨릭 측의 대항 개혁 운동이 강력했던 남독일(특히 뷔르츠부르크와 밤베르크)에서 열광적으로 마녀사냥이 이루어진 이유도 여기에 있다(이곳에서 적발된 마녀 대부분은 남성이었으며, 종종 법정 기록에 '루터파'라고 기록되어 있었다).

이 신구 양 세력의 충돌은 이윽고 30년 전쟁(1618~1648년)을 야기시켰고, 그 전화는 독일의 도시와 농촌을 철저하게 황폐화시켰고 독일을 밑바닥까지 피폐화시켰지만, 이 시기는 또한 마녀사냥의 절정기이기도 했다.

루터와 악마

이러한 객관적인 상황과는 별개로 신교도는 구교가 창작해낸 마녀 상——악마와 결탁한 새로운 마녀——을 실재라고 믿었고, 따라서 마녀사냥에 열중할 주관적인 조건이 갖추어졌다.

옛 교회의 형해화된 제도와 조직을 뛰어넘어서 직접 성서로 귀의하고자 한 신교도는 성서 이곳저곳에서 악마를 찾아냈고 악마와 대결했다. 루터의 유명한 『교리문답(Der grosse Katechismus und der kleine Katechismus)』의 경우에 '그리스도'라는 명칭은 63번 등장하는 데 비해 '악마'라는 명칭은 67회나 등장한다. 그만큼 악마는 루터의 근처를 늘 맴돌았다. 그는 악마와 관련된 자신의 체험을 숱하게 말했다. 비텐베르크의 수도원에 있었을 때 악마의 속삭임 소리에 언제나 번민했다고 그는 말한다. 바르트부르크성에 머물렀을 때 그가 거처했던 방의 벽에는 그가 악마를 향해 잉크병을 던져서 생긴 검은 잉크 자국이 지금까지도 남아 있다.

이러한 심정을 느꼈던 루터가 마녀를 얼마나 두려워하고 증오했는지는 그의 말속에 잘 나타나 있다.

> '나는 이와 같은 마녀에게는 아무런 동정심도 느끼지 않는다. 나는 그들을 모조리 몰살시키고 싶다. ……창조주에 대한 반역이며, 또한 악마에게는 인정하는 권리를 신에 대해서는 인정하고자 하지 않는 마녀를 사형에 처해서는 안 될 일이 어찌 있을 수 있겠는가.'(『탁상담화[The Table Talk of Martin Luther]』)

자신이 신봉하는 신조와 교리에서 조금이라도 벗어난 자는 죽음으로 처벌하고자 하는 불관용(인톨러런스)과 박해 정신에 있어서 신구 양교의 입장은 완벽하게 일치했다.

신교판 마녀재판관

'작센(독일, 신교공국)의 입법가'로 칭송되는 베네딕트 카르프조프 (1595~1666년, 루터파, 라이프치히 대학교 교수, 최고 재판관)는 재판관으로서 오랜 경력을 쌓는 동안에 2만 통 이상의 사형 선고서에 서명했다고 전해지는데, 그는 1635년에 『형법의 실제』라는 책 한 권을 출판했다. 그중에서 마녀에 관한 부분은 그야말로 신교판 『마녀를 심판하는 망치』라고 할 수 있다. 변함없이 '마녀의 공중 비행', '마녀집회', '악마와의 성교', '마녀 마크'……등이 등장한다. 그는 재판 방법과 관련해서도 17종류의 고문 방법을 소개했다. '손가락과 발가락 구속', '사다리', '양초로 지지는 법', '손톱 사이에 나무쐐기를 박는 법' 등, 이 역시 구교 국가의 그것과 대동소이한 잔학함을 보인다. 이 책의 권말에는 라이프치히 최고 재판관이 과거에 재판한 36건의 판결문이 실려 있다. 그 판결문 중의 하나(1582년)에 따르면 마녀 두 명은 산 채로 화형에 처해졌고, 남자 두 명은 뜨겁게 달구어진 커다란 철제 니퍼로 살점이 뜯겨진 후 '수레바퀴'에 압살당했다.

1599년 판결문에 따르면 피고 한 명한테 자백하면 방면해주겠다고 약속하여 자백을 받아낸 다음에 목을 쳤다. 개종시키기 위해서라면 사기도 불사했다는 점 또한 가톨릭과 같다. 작센 공국뿐 아니라 다른 독일의 신교국 법정에도 많은 영향을 끼친 『형법의 실제』에서 그는 다음과 같이 말했다. '필요한 것은 민첩하고 재빠른 판결이다. 공정을 기하기 위해 품과 시간을 들일 필요는 없다', '세상에는 법으로 결정할 수 없는 사안이 많다. 재판관의 자유재량에 맡겨야 한다', '재판관은 진상을 알아내기 위해 기만을 이용해도 된다', '자백은 필수 조건이 아니다. 다른 사람의 증언만 듣고 판결을 내려도 된다', '가장 흉악한 이 "마녀의 죄"는 비밀스럽게 이루어져 증명하기 힘들기 때문에 수천 명 중의 한 명도 처벌하기가 어렵다. 고로 마녀재판에서는 정규 루트를 따르는 것이 불가능하며, 다른 범죄의 경우와는 다른 근거로 판결해야 한다." ……신교도의 마녀재판 정신과 방법은 가톨릭의 그것에서 한 발자국도 벗어나지 못한 것은 물론이고 오히려 그 이상이었다.

이들 판결문에는 마녀의 자백이 발췌 기록되어 있는데, 어리석고 우습기 짝이 없게도 신교도 재판관이 여성 마녀에게 보인 열정적인 성적 관심 또한 가톨릭에 결코 뒤지지 않았다. '18년 동안 일주일에 두 번 악마와 성교를 나누었고, 일 년에 세 번 마녀집회에 함께 참석했다', '악마와 관계하여 쌍둥이를 낳았다', '일주일에 세 번씩 20년간 성교를 나누었고, 브로켄산에서 열리는 집회에 종종 동행했다.' 하물며 종종 '고문에 의하지 않은 자백'이라고 부기했다.

신교의 불관용

프로테스탄트——옛 세계에 대한 '항의자'——운동을 선구적인 근대화 운동이라고만 소박하게 생각했던 우리는 프로테스탄트가 중세 시대를 얼마나 깊숙이 침체시켰는가에 새삼 놀라지 않을 수 없다.

프로테스탄트 교회 중에서 큰 세력을 점하는 메서디스트 교회의 창설자, 옥스포드 대학교 교수 존 웨슬리는 그의 『신앙 일지』 1768

년 5월 25일 부분에서 다음과 같이 썼다.

　'일반적인 영국인은, 아니, 학식 있는 유럽 사람들 대부분은
마녀나 초자연 현상에 관한 이야기를 단순히 할머니가 들려주
는 옛날이야기로 여기고 묵살했다. 개탄하지 않을 수 없는 일
이다. ……마녀를 묵살하는 것은 성서를 묵살하는 것과 같다.
……나는 내가 숨 쉬는 마지막 순간까지 눈에 보이지 않는 세계
에 대한 하나의 위대한 증명을, 즉, 이미 온갖 시대에 걸쳐서 확
인된 마녀와 초자연 현상에 대한 설명을 불신자들에게 보여주
고 들려주고자 한다. ……'

　마녀재판에 관한 한 종교개혁은 종교 제도 개혁일 순 있어도 종
교 정신 개혁은 아니었다. 개혁자는 옛 교회의 독단주의(도그머티즘)
에 항의(프로테스트)했고 직접 성서로 귀의했다. 신과 직접 연결되는
'그리스도 신자의 자유'는 여기에서 생겨난 것이다. 하지만 개혁자
에게 하나님 말씀의 해석이란 단 하나뿐이었다. 그 단 하나의 해
석이란 오로지 자신의 해석이었다. 신교의 불관용(인톨러런스)이 여
기에서 생겨난 것은 당연한 일이다.
　'성서 말씀은 하나의 비유이다'라고 말한 갈릴레오에게는 성서
말씀의 자의와 모순되는 새로운 과학적 발견도 포용하는 넓은 정
신적 허용 영역(래티튜드)이 있었다. 하지만 신의 말씀은 단 하나의
방식으로만 해석된다고 여긴 루터는 코페르니쿠스를 '졸부 점성술

사'라고 매도했고 지동설도 받아들이지 않았다.

경건하고 성실한 그리스도교도였던 앤드루 딕슨 화이트가 도그머티즘에 지배되지 않는 그리스도교적 교육의 장으로서 이색적인 코넬 대학교를 창립하고 『과학과 종교의 투쟁(『A History of the Warfare of Science with Theology in Christendom』와 『The Warfare of Science』의 두 권을 통합 정리하여 번역한 일본어 서적)』을 집필할 수밖에 없었던 것도 그리스도교의 불관용을 시정하고 '종교로써 진실로 고귀하게 하기 위해서'였다. 앤드루 딕슨 화이트는 다음과 같이 말했다. '과학을 방해한 것과 관련해서 로마 가톨릭교회만을 특별히 비난하는 것만큼 부당한 처사는 없다. 프로테스탄트 교회는 그 이상으로 비난받아야 마땅하다.'(『과학과 종교의 투쟁』)

2. 르네상스의 보수성

마녀재판은 중세 전기의 암흑시대가 아니라 중세 말기에 르네상스의 태동과 함께 시작되었고, 1600년을 중심으로 100년간은 마녀사냥의 절정기임과 동시에 또한 르네상스 운동의 절정기였다. 그리고 르네상스가 위대한 업적을 마쳤을 무렵 마녀재판도 어느 사이엔가 자취를 감추었다.

그 무렵에는 근대사의 제1장을 장식한 실증주의와 휴머니즘의 전사들이 기라성처럼 줄지어 서 있었다. 따라서 이 전사들의 통렬한 프로테스트에 의해 암흑재판이 종식되었을 것이라는 기대는 결코 부자연스러운 것이 아니다. 하지만 이 기대는 완전히 배신당할 것이다. 그 전사들 중의 어떤 자는 암흑재판의 열렬한 지지자였고 또 어떤 자는 소극적인 지지자였다. 그 밖의 전사들은 입을 다물고 있었다(그러므로 이들도 소극적 지지자에 포함시켜도 무방하다). 만약 종교개혁을 종교계의 르네상스라고 치자면 종교적 르네상스인은 다들 열광적인 마녀재판관이었다. 루터도, 칼뱅도, 멜란히톤도……. 레키(전출)에 따르면 에라스무스조차 '악마의 실재를 굳게 믿었다'고 한다.

휴머니즘과 실증주의의 시대였던 르네상스 시대는 한편으로는 잔학과 미신의 시대이기도 했다. 이 역설은 르네상스인이 자신들의 정신세계에 중세와 근대를 동시에 가지고 있던 데서 기인한 필연적인 귀결이었다. 르네상스인은 예외 없이 신비주의자였다. 케플러가 근대 천문학의 토대가 된 '세 가지 법칙'을 완성해가던 시기에 그의 모친은 마녀 혐의를 받고 감옥에 갇혀 있었다. 이 이야기는 르네상스의 보수성을 상징하는 일화인데, 그런 케플러가 얼마나 신비주의에 빠져 있었는지는 이미 모두가 아는 바와 같다. 과학 르네상스의 완성자 뉴턴 또한 예외는 아니었다.

이야기가 나온 김에 케플러 모친의 마녀 사건을 간략하게 소개하겠다.

케플러 어머니의 마녀재판

작고, 마르고, 가무잡잡하고, 입이 거칠고, 싸우길 좋아하고, 심성이 비뚤고, 말투가 상스럽고 수다스러운 노파. 케플러가 묘사한 모친의 모습은 약초와 주문으로 사람들의 병을 치유하는 하급 마녀 상의 전형이었지만, 치료에 실패해서 동네 사람들에게 원망을 듣는 경우가 더 많았다. 게으른 남편은 아내와 자식을 남겨둔 채 행방불명되었고, 천문학자인 장남은 오스트리아로 건너가서는 돌아오지 않았고, 장녀는 다른 집으로 시집갔고, 남은 아이들도 의지가 되지 않았다. 그런 고독한 처지로 인해 그녀는 언제나 얼굴을 찌푸리고 있었고, 그래서 동네 사람들은 그녀를 싫어했다.

그녀가 살던 레온베르크(뷔르템베르크) 마을에 광신적으로 마녀사냥을 하는 관리가 있었다. 이 남자는 다양한 풍문을 긁어모은 후 거기에 살을 붙여서 49항목으로 된 고발장을 재판소에 제출했다. '조제한 약을 많은 사람에게 먹여 병에 걸리게 했다', '동네의 어느 소를 죽였다고 그녀의 아들이 증언했다', '그녀는 천국과 지옥은 존재하지 않는다고 말했다'……는 내용의 고발장이었다. 이리하여 그녀는 체포되어 투옥되었다. 1615년, 그녀가 70살이었을 때의 일이다.

케플러는 모친을 석방시키기 위해 동분서주했지만 아무런 소용이 없었다. 마녀재판이 종종 그랬던 것처럼 감옥 안에서 세월만 허무하게 흘렀고, 그녀가 처음으로 법정으로 끌려 나온 것은 투옥된 지 4년 만인 1619년이었다.

십수 명의 증인이 출석하여 그녀가 유죄임을 증언했다. 케플러는 그들의 증언을 반박하기 위해 122항목으로 된 반대 심문서를 제출했고 또 노령의 모친을 고문하지 말아 달라며 탄원서도 냈다.

이리하여 또 2년이 경과한 1621년 9월 28일, 법정에 선 그녀에게 재판관은 자백하라고 독촉했다. 하지만 그녀는 분명하게 말했다. "자백할 것이 아무것도 없습니다. 마법에 대해서도 아무것도 모릅니다!" 그리고 "천문학자인 우리 아들이 사형으로부터 날 구해줄 겁니다!"라고 말하자 재판관은 이 천문학자를 맹렬하게 비난했다(케플러는 신교도였지만, 많은 점에서 루터파와 의견을 달리했고, 튀빙겐의 신학자와 논쟁했으며, 슈투트가르트 종교회의에서 파문당한 상태였다).

그 후 그녀는 지하 고문실로 끌려갔다. 그리고 그들은 갖가지 고문 도구를 하나하나 눈앞에 들이밀며 "자백하면 고문의 고통을 면할 수 있다!"고 협박했다. 그녀는 모조리 부정했다. "설령 피를 전부 빼앗긴다고 해도 저는 자백할 것이 없습니다. ……이런 지독한 꼴을 당하게 만든 증인들에게 하나님께서 틀림없이 벌을 내려주실 겁니다." 그렇게 말하고 그녀는 무릎 꿇고 기도를 올렸고 그대로 기절했다.

며칠 후인 10월 3일에 법정은 석방 명령을 내렸다. 그리고 11월 4일부로 6년간의 감옥 생활에서 드디어 해방되었다(자백하지 않은 채 석방된 사례는 상당히 이례적이다. 석방된 이유는 알 방도가 없다. 근대 과학의 기념탑 중의 하나인 '케플러의 세 가지 법칙' 중에서 제3법칙이 이 암흑재판이 진행되던 1619년에 발표되었다는 사실, 또 그 무렵 이탈리아에서는 케플러와 친했던 갈릴레오가 그 과학적 발견으로 인해 로마 이단 심문소에서 심문당한 사실 등을 종합적으로 생각해보면, 르네상스의 시대적 특징이 참으로 흥미롭기 그지없다).

과학자들의 태도

마녀사냥의 왕, 스코틀랜드의 제임스 6세가 잉글랜드의 왕을 겸임하기 시작하고 그 이듬해인 1604년에 제정한 마녀사냥 강화령은 그 이전(1563년 및 1580년)의 엘리자베스 여왕의 마녀사냥령을 더욱 강화한 것이었다. 이 강화령은 1736년부로 폐지될 때까지 잉글랜드와 식민지 미국의 마녀사냥을 맹렬하게 격화시킨 토대가 되었다.

이 법령이 입안될 때는 유명한 법학자 에드워드 쿡 검사 총장을 비롯하여 당대의 일류 명사가 참가했을 것이고, 무엇보다도 프랜시스 베이컨이 제임스의 측근이자 이 법령을 통과시킨 국회의 일원이기도 했을 것이다. 하지만 이 사람들 중에서 이 법령에 반대하는 소극적인 목소리라도 새어 나온 적이 있다는 이야기를 우리는 들은 적이 없다.

베이컨은 근대 과학을 확립한 주역인 만큼 비과학적인 마녀 미신에 부정적인 태도를 취했기를 우리는 특히 이 인물에게 기대하지만, 그는 우리의 기대를 배신했다. 확실히 그는 마녀 행위를 판정할 때에는 명확한 증명이 필요하다고 주장했다. 하지만 마녀의 실재는 부정하지 않았다. 부정하기는커녕 오히려 종종 적극적으로 긍정했다. 그리고 그 자신도 판사 중의 한 명이던 궁내청 법정에 제출한 고시에서 그는 '마녀 행위는……제2급 "중죄"로 삼는다'라고 말했다. 우리는 베이컨이 제임스 왕의 『악마론』을 그야말로 어리석기 짝이 없는 미신론이라며 상대도 하지 않았을 것으로 상상하지만, 하지만 그는 그 책 중의 한 구절을 언급하며 상찬하기까지 했다. 근대 과학 철학을 수립한 이 자도 마녀에 관한 한 한쪽 발을 확실하게 중세에 담고 있었다.

제임스 왕의 측근 중에는 르네상스의 거성이 한 명 더 있다. 혈액이 순환한다는 것을 발견함으로써 근대 생리학의 기초를 다진 윌리엄 하비이며, 그는 제임스 왕 및 차기 왕 찰스 1세의 왕실 의사였다. 하비는 찰스 1세의 명령을 받고 마녀 네 명한테서 마녀 마크를 찾아내기 위해서 신체검사를 실시했다. 그는 마크가 발견되지 않았다고 보고했다. 하지만 이는 마녀 마크라는 미신에 대한 적어도 소극적인 긍정행위라고 할 수 있지 않을까? 정밀한 해부학적 연구에 근거해서 근대 생리학 분야를 개척한 이 뛰어난 의사가 벌거벗은 마녀의 전신에 바늘을 꽃는 모습을 상상하면 희극이라기보다는 비극이다. 하지만 그러한 가운데서 근대는 탄생했다.

이 시대는 이탈리아와 프랑스와 영국에 고도의 과학 연구를 위한 학회가 창설된 눈부신 시대였다. 런던 왕립 학회도 그중의 하나이다. 이 위대한 과학의 전당에 속해 있으면서 열광적으로 마녀 미신을 옹호한 사람들이 있다.

요셉 글랜빌은 실험 철학 역사에서 중요한 지위를 점하는 인물이자 그 업적으로 런던 왕립 학회 회원으로 선발되는 영광을 누린 인물이다. 이 무렵은 마녀의 실재에 대한 불신이 우위로 올라서고 있던 시기였다. 그랜빌은 불신이 유행하는 풍조에 맞서 싸우기 위해 『영혼멸망론에의 일격』(1668년)을 저술했다. 이 서적은 중판을 거듭하며 널리 읽혔으며 큰 영향을 끼쳤다. 마녀가 실재한다는 그의 확신은 실험 과학적 확신과 결부되어 있었다.

'이것(마녀의 존재)은 사실에 속하는 문제이므로 권위와 감각에 의한 증명이 가능하며, 이러한 양자의 증명에 의해 마녀의 실재 및 악마와의 계약은 충분히 확인할 수 있다는 것을 먼저 말해두겠다. 모든 역사는 이 암흑의 중개자의 소행으로 가득 차 있다. 모든 시대의 사람들이, 그것도 소박하고 야만적인 세계의 사람이 아니라 가장 진보되고 세련된 세계의 사람들이 그들의 기괴한 행위를 증언했다. 우리는 수천 개의 눈과 귀로 확보한 입증 증거를 가지고 있다. ……더없이 엄정하고 현명한 재판관이 살인자이며, 더없이 신성한 사람들이 어리석은 사기꾼이라고 사람들은 믿는다. 그런 얼토당토않은 말을 믿는 사람은 그들이 경신한 인간이라고 비난하는 사람보다 훨씬 경신한 인간이다. ……'

이 이상 인용할 필요는 없을 듯하다. 마녀 미신이 힘을 잃고 마녀재판이 종말을 맞이하려던 시기에 잉글랜드에서 이 책은 미신을 믿는 사람들에게 더없이 강력한 버팀목이 되어주었다. 영국 본국에서는 이미 종말을 맞이한 마녀사냥 열기가 17세기, 그것도 말엽에 이르러서 미국의 뉴잉글랜드에서 불타오른 데는 이 왕립 학회원에게 일정 부분 책임이 있다고 할 수 있다.

코튼 매더와 세일럼의 마녀

글랜빌하고는 비교가 되지 않을 만큼 뉴잉글랜드의 마녀사냥에 직접적이며 중대한 책임이 있는 코튼 매더(1663~1728년) 또한 런던 왕립 학회 회원――미국에서 선발된 최초의 회원――이었다. 그가 주역의 한 명으로 출연한 '세일럼 마녀' 사건은 마녀재판 역사에서 일찍이 찾아볼 수 없는 특이성을 가졌다는 점에서 대단히 흥미롭다. 요점만 간추려서 줄거리를 말하자면 다음과 같다.

――세일럼의 목사 사무엘 패리스는 엄격한 목사였다. 그런데 그가 부리던 흑인 노예(특히 그 중의 부부 한 쌍)가 은밀하게 행하던 부두교(일종의 마술적인 종교) 의식을 구경하는 한편 매일 밤마다 마녀 이야기를 듣던 처녀들(패리스의 9살 난 딸을 포함하여 주로 10대 소녀들)이 심리적으로 영향을 받아 히스테릭한 이상 행동을 보였다. 이 처녀들이 마녀의 마법에 걸렸다는 소문이 마을 전체에 퍼졌다. 이에 마녀사냥이 시작되었다. 1692년 2월 29일에 첫 번째 체포(세 명)가 이루어졌고 3월 1일부터 재판이 시작되었다. 유럽에서 행해진 것과 동일한 심문과 고문으로 거짓 자백을 받아냈고 차례로 공범자

도 만들어졌다.

패리스 목사는 이 마녀사냥의 선두에 줄곧 서 있었다. 코튼 매더는『마법과 악마 들린 자와 관련해서 기억해야 할 섭리(Memorable Providences, Relating to Witchcrafts and Possessions)』(1689년)의 저자로 이미 그 방면의 학문적 권위자였고, 또 뉴잉글랜드에서 가장 큰 보스턴 북부 교회의 목사이기도 했다. 지사는 그에게 세일럼 사건에 대해 의견을 구했다. 그는 '조속하며 적극적인 기소'를 권했다. 마녀사냥은 순식간에 보스턴, 앤도버, 글로스터, 찰스타운, 솔즈베리 등 세일럼 주변 지역 일대로 퍼져나갔고, 용의자는 순식간에 200명 가까이로 부풀어 올랐다. 최초로 유죄 판결을 받은 31명 중에서, 그해 6월 10일부터 처형이 시작되었고 9월 22일까지 20명이 교살되었다.

칼레프의 항의

그런데 이때 여태까지의 마녀재판에서는 일찍이 볼 수 없던 현상이 나타났다. 이 재판을 비판하고 반대하는 여론이 형성된 것이다. 특히 보스턴의 상인 로버트 칼레프가 이 마녀재판의 불합리성의 핵심을 찌르는 항의문을 사실에 입각하여 코튼 매더와 그 외 유력한 마녀사냥 지지자 앞으로 보내기 시작했다. 여론은 이를 지지했다. 이에 마녀사냥 지지자들은 여론에 반론을 펼칠 필요성을 느꼈다. 코튼 매더의『눈에 보이지 않는 세계의 경의』(1693년)는 이 필요성에 응해서 쓴 책이다.

하지만 시대 분위기는 바뀌고 있었다. 거짓 자백을 강요받던 피고들이 이번에는 진짜 자백을 하며 호소하기 시작했다. 게다가 사건 발단이 된 히스테리 증세를 보였던 처녀들이 마치 엑소시즘을 받고 제정신으로 돌아온 것처럼 진상을 털어놓았다.

결말부터 간단하게 말하자면 1693년 5월에 지사는 감옥에 갇혀 있던 피고를 모두 방면해주었다. 그로부터 3년 후인 1696년 1월 14일에 세일럼 마녀재판에 입회했던 부심원 12명이 연서한, 본인들의 판정에 대한 수정서를 제출했다.

'1692년 세일럼 법정에 부심원으로서 봉사하도록 명령받은 하기에 서명한 우리는, ……우리가 부당하게 상처 입힌 모든 이들에게 용서를 구하며, 두 번 다시 이와 같은 실수를 반복하지 않을 것을 전 세계에 언명한다…….'

재판관 사무엘 시월은 모든 판결에 증거가 없었음을 반성하고 자신의 잘못을 솔직하게 공표했다. 이리하여 결국 모든 피고(이미 처형된 자를 포함하여)의 판결은 파기되었고 손해 배상이 이루어졌다. 마녀광 목사 패리스는 추방되었다.

이 이례적인 결말은 마녀 미신의 힘이 약해진 시대적 분위기가 가져온 특례인데, 새로운 시대의 방향으로 여론을 움직인 자는 학식도 명성도 없는 일개 상인에 불과했고, 이에 반해 필사적으로 시대의 흐름을 역행하고자 노력한 자는 눈부신 근대 과학의 전당인 런던 왕립 학회의 일원이었다는 점이 여러 가지 의미에서 많은 것을 느끼게 한다. 매더가 마녀사냥 격려론을 집필하기 몇 년 전인 1687년에 같은 학회의 일원 아이작 뉴턴이『자연철학의 수학적 원리(프린키피아)』——근대 과학 확립의 역사적 기념탑——를 출간한 사실과 대비된다.

하지만 그런 뉴턴조차, 본인의 저서『자연철학의 수학적 원리』에 대해 '신의 존재 논증'이라던 당시의 어느 비평을 반박하기는커녕 스스로 나서서 지지했다. 세일럼 마녀사냥에서 수행한 역할만 보고 코튼 매더를 무지몽매한 중세인이라고 여긴다면, 다니엘의 예언과 요한에 관한 연구 및 그 외 수많은 신학적 논문을 썼다는 이유로 뉴턴을 무지몽매한 중세인이라고 결론 짓는 것과 마찬가지로 역사의 의미를 모른다며 비난을 받게 될 것이다. 매더는 다른 한편으로는 왕립 학회원이라고 하기에 부족함이 없는 근대적 과학자이기도 했다. 즉, '르네상스인'이었던 것이다.

3. 마녀재판의 윤리

윤리의 도착(倒錯)

마녀재판의 자취를 되돌아보며 새록새록 느끼는 것은 마녀재판 (아니, 마녀재판을 포함하는 종교재판 일반) 전체를 꿰뚫고 있는 '윤리의 도착'이다. 학대, 위법, 위선, 기만, 탐욕, 부정, 경신, 미신, 왜곡, 현학……등 일반적으로 떠올릴 수 있는 온갖 불의와 악행이, 오히려 정의와 미덕으로서 아무런 거리낌 없이 확신에 가득 차서 당당하게 행해졌다는 것이다. 이 확신이 온갖 불의와 악덕을 정당화했다.

토르케마다와 함께 스페인의 잔학한 이단 심문 제도를 확립한 국왕 페르난도 2세가 죽음에 임박하여(1516년) 뒤를 이을 어린 손자 카를로스 1세에게 남긴 유언은 그런 의미에서 상징적이다.

'뛰어나고 훌륭한 왕자, 나의 손자에게 나는 명한다. 가톨릭 신앙을 옹호하고 고양시키는 것에 언제나 열의를 다하라. 하나님의 교회를 수호하고 사랑하고 전력을 다하여 우리 왕국과 그 영토에서 이단을 박멸하라. ……인간을 구제할 신앙 없이는 어떠한 미덕도 무의미하다.'(강조점은 필자가 찍음)

카탈루냐 지방 이단 심문관의 권한이 국가의 헌법을 파괴할 우려가 있다는 호소가 이 국왕에게 제출되었을 때 이 국왕이 내린 결정은 간단명료했다.

'신앙의 관리와 단죄는 이단 심문관의 권한이다. 이 권한은 다른 모든 권한 위에 존재하며, 이를 방해할 그 어떠한 법률도 없다.'

이것이 이단 심문의 기본적인 윤리였다. 이 윤리에 따르면 모든 미덕은 '무의미'하며, 위법은 적법 위에 존재한다.

몰수 재산을 둘러싼 성속 양계 재판관들의 비정상적인 관심은 우리의 윤리관에서는 수전노와 같은 탐욕으로밖에는 보이지 않는다. 특히 사후——그것도 사후 40년 이상——에 생전의 이단 행위를 추궁하여 유산을 몰수하는 것에 대체 어떤 종교적 의미가 있을까?(182페이지 참조) 이단자를 모조리 죽이고 이단이 만연하는 것을 막고 '신의 나라'를 수호한다는 숭고한 사명에 있어서 사후에 이단 행위를 추궁하는 것이 어떤 의미를 지닐까? 아무런 의미가 없다. 있는 것은 유산을 노리는 탐욕뿐——인 것으로 우리에게는 보인다. 하지만 이단 심문관에게는 확신이 있었다.

'이단 심문소가 재판 비용을 피고에게 변제시키는 것은 정당한 일이다. 왜냐하면 성 바오로가 『고린토인들에게 보낸 첫째 편지(First Epistle to the Corinthians)』 제9장에서 말한 바와 같이 설령 그것이 몇 명이라 할지라도 자신의 비용을 대서 전쟁터로 향할 의무는 없기 때문이다. ……모든 신앙과 깊이 관련되는 일 중에서 가장 중요한 것은 이단 심문 제도의 확립과 그 유지이다. ……고로 심문관과 그 부하의 노고를 충분히 치하하기 위해서 심문소가 넉넉한 금전을 소유하는 것은 그리스도 신앙에 있어서 몹시 유효하며 또한 유익한 일이다.'(에이메리히)

『마녀를 심판하는 망치』의 저자는 여러 가지 경우에 내릴 판결문 범례를 여러 가지로 제시하였는데, 피고에게 유죄 판결을 내린

후 처형하기 위해 이단자를 관헌(에이메리히의 말을 빌리자면 '세속의 팔')
에게 '건넬' 때의 판결문을 다음과 같이 끝맺었다.

'우리는 그대를 교회의 법정에서 국가의 법정으로 건네겠다.
국가의 법정이 그대에게 내린 죽음의 선고를 경감시켜줄 것을
기도하며 위와 같이 선고한다.'

이는 에이메리히 이후의 선고 형식이었다. ——그야말로 '형식'
이었다. 이 자비 깊은 교회의 '기도'를 만약 관헌이 순순히 받아들
여 이단자와 마녀의 사형을 '경감'시켜준다면 어떤 일이 벌어질까?
교회는 이 성실한 '경감' 행위를 '이단 행위'로서 처벌할 것이 불 보
듯이 뻔하다. 실제로 교황 보니파시오는 이 처형을 '정당하며 또한
신속하게' 실행하지 않는 세속 당국은 파문해야 한다고 교회법으
로 규정했다. 애당초 죽일 생각이 없는 이단자라면 '넘길' 그 어떤
필요가 있겠는가. 실제로 명세서를 첨부하여 청구된 이단자 처형
비를 교회는 당연하다는 듯이 지불하기도 했다.

애당초 '세속의 팔'에 넘기는 것은 '교회는 피를 흘리지 않는다'는
가톨릭 초기 교회의 훌륭한 관용 정신에서 유래한다. 락탄티우스
는 '만약 피와 고문으로 종교를 수호하고 있다고 생각한다면, 이는
진실로 종교를 수호하는 게 아니라 오히려 종교를 더럽히고 상처
입히는 것이다'라고 말했다. 이 종교 정신이 교회 자신에게 짓밟힌
이단 심문의 타락을 생각하니, 4세기 그리스도교 호교론자가 했던

이 말이 더욱 아름답게 들린다.

　이 정신은 12세기까지 존속했다. 하지만 이단 심문 이후에는 그 형해만이 남았다. 만약 고문 중에 피고가 피를 흘리면 처형한다는 규정이 있었다. 하지만 알렉산데르 교황(13세기)은 이 처벌은 동료 또는 상위 성직자에 의해 사면될 수 있다는 규정을 만드는 것을 잊지 않았다.

　이상은 이단 심문을 둘러싸고 도처에서 벌어진 '위선'의 극히 일례에 지나지 않다.

저열한 기만

　피고한테서 자백을 받아내기 위해 이단 심문 초기부터 갖가지 연구와 궁리가 이루어졌다. 그중 하나가 신교의 마녀재판관이 그 예를 보인(198페이지) '거짓 약속'이다. 피고가 고문을 받아서 고통에 몸부림치면 적당한 때를 가늠하여 '자백하면 목숨은 살려주겠다'라고 약속하는 것이다. 그런데 이 약속을 믿고 피고가 바라는 대로 자백하면 재판관은 그 약속을 어떻게 이행해야 할까? ──이와 관련해서 『마녀를 심판하는 망치』는 세 가지 처리법을 제시했다.

　1. 물과 빵만 주며 피고가 죽을 때까지 감옥에 감금시켜 둔다.
　2. 약속대로 당분간 처형하지 않고 감금시켜 두다가 나중에 처형한다.

3. 담당 재판관을 교체한다. 그리고 교체된 재판관이 사형 판결을 선고한다.

   그리고 저자는 '세 가지 방법 중에서 어느 것을 선택할지는 전적으로 재판관에게 일임되어야 한다'라고 했다. 『마녀를 심판하는 망치』의 저자──로마 교황이 교서를 지참시켜 독일로 파견된 이단 심문관, 쾰른 대학교 신학부장, 신학 박사, 수도원장──가 생각해 낸 저열하고 유치한 사기였다.

   재판하는 자의 부정과 악덕을 일일이 열거하자면 끝이 없다. 마녀재판의 모든 것이 그 실례가 될 것이다. 하지만 무엇보다 우리를 충격에 빠트리는 것은 이러한 부정하고 악덕한 행위 자체보다 '신의 이름으로' 행하는 일이라고 확신한 탓에 그들이 '신 앞에서 부끄러워하지 않았다'는 것이다. 즉 '구제' 불능이라는 점이다.

   1572년 8월 24일, 소위 '성 바르톨로메오의 대학살' 때 하루 밤낮 동안 파리와 그 외 지역에서 구교도가 프랑스의 신교도 3만 명을 학살했다. 당시의 교황 그레고리오 13세는 광적으로 기뻐하며 마음속으로 비밀스럽게──가 아니라, 교황은 이 대학살을 "레판토의 승리"(가톨릭인 스페인이 이슬람교인 터키를 격파한 1571년의 대승리)보다 50배 위대한 대승리!'라고 선언했다. 그리고 감사식(Te Deum)을 거행하고, 축하하기 위해 불꽃을 쏘아 올리고, 기념 메달을 주조하라고 명했다. ⋯⋯주님이신 당신을 찬미하나이다!(Te Deum Laudamus!)

이 시점에서 한 번 더 파스칼의 말을 떠올려보자.

‘인간은 종교적 신념(Conscience)을 가지고 행할 때일수록 기뻐 신바람이 나며, 철저하게 악을 행하지는 않는다.’(『팡세 [Pensées]』)

4. 암흑재판에 항의한 ‘이름 없는 전사’들

요한 바이어

르네상스 역사의 메인 무대에 열좌한 쟁쟁한 명사들은 마녀를 죄 없이 학살하는 암흑재판을 적극적으로 지지하거나 혹은 소극적으로 긍정 또는 묵살했지만, 다른 한쪽에는 기만과 잔학을 폭로하며 항의한 소수의 사람들이 있었다. 그것도 이미 마녀재판이 종말을 맞이하고 있던 칼레프 시대가 아니라 마녀의 실재를 부정하는 것은 성서를 믿지 않는 것과 같다고 여겨지던 마녀 미신의 전성기에 말이다. 따라서 그 사람들이 목숨 걸고 낸 목소리는 시대의 조류에 압살되어 그 어떤 반향도 불러일으키지 못한 채 허망하게 묻히고 말았지만, 그 사람들이 르네상스 역사의 한쪽 구석에도 이름을 남기지 못한 ‘무명 전사’였다는 점이 인상적이다. 그 사람들의 목소리를 듣게 된 것은 최근의 발견에 의해서, 또는 다른 사람의 저서 속의 단편적인 인용을 통해서였다.

이 사람들에 대해 충분히 이야기하려면 책 한 권을 써야 할 것이다. 그래서 이번에는 그들 몇몇의 목소리의 단편만을 전하려고 한다.

요한 바이어(1516~1588년. 요하네스 위어라고도 한다)는 네덜란드 출신의 의사이다. 신교도이며, 기만적인 마녀재판 방법에 격노하여 1563년에『악마의 기만(The Deception of Demons)』을 저술했다. 이는 당시의 마녀사냥광을 분노케 했을 뿐 마녀사냥을 억제하는 역할은 하지 못했다. 이에 추가적으로『마녀론(De Lamiis Liber)』(1577년)을 썼지만, 요주의 서적이 되었을 뿐 마녀재판은 맹렬한 속도로 절정을 향해 격화되어갔다. 그가 한 말의 일부를 인용하겠다.

'만약 그들이 이 혹독한 고문에 버티지 못하고 고문 담당자의 손안에서 죽는다면, 만약 그들의 지구력이 고통과 감금으로 완벽하게 소멸하여 끌려 나왔을 때는 이미 죽은 상태라면, 듣거라, 환희로 가득 찬 목소리가 울려 퍼질 것이다. ──"그들은 자살한 것이다!" 또는 "악마가 그들을 죽였다!"라는.

하지만 모든 것을 꿰뚫어 보는 신이나 마음을 탐구하는 위대한 자가 나타나면 그들의 사악한 행위는 폭로될 것이다. 인간성을 방기한 자, 자비를 모르는 폭군, 피비린내 나는 재판관, 도살자, 고문관, 흉악한 강도들. 나와 그대들을 식별할 위대한 재판관인 신의 법정으로 그대들을 내가 소환하겠다. 그대들이 짓밟고 매장한 진실은 그 법정에서 일어나 그대들을 단죄하고, 그대들의 비정함에 복수를 요구할 것이다.'(『악마의 기만』)

요한 바이어의 『악마의 기만』이 장 보댕의 눈에 들어간 것은 때마침 보댕이 자신의 저서 『악마 숭배』를 교정하던 시기였다. 보댕은 격노했다. 즉시 『요한 바이어 논박』이라는 4절판짜리 30여 페이지를 자신의 저서에 추가했다.

'이름도 없는 일개 의사 주제에 고금의 권위에 반기를 들다니 이것이 있을 수 있는 일이란 말인가. 이만큼 명백한 현실적인 사실을 의심하다니! 바이어는 무장하고 신에게 대드는 자이다. 신의 영광에 아주 조금이라도 접한 적이 있는 자라면 누가 이처럼 신을 모독하는 책을 정의의 분노를 느끼지 않으면서 읽을 수 있겠는가……'

장황하게 이어지는 분노의 말이 솟구쳐 나온 것은 당시 유럽의 지도적 지위에 있던 프랑스 중에서도 당대 제일의 지성인이자 진보적 근대인으로 정평이 나 있던 다름 아닌 장 보댕의 입에서였다.

하지만 보댕에게서 관찰되는 르네상스 시기의 패러독스는 요한 바이어에게서도 마찬가지로 관찰되었다. 마녀재판에 대해 통렬하게 항의하는 면모를 보고 그를 마녀 미신에서 벗어난 근대인이라고 오해하는 사람도 있을 것이다. 하지만 그의 보수성은 무척 뿌리가 깊다. 예를 들어 항의서에서 그는 이 세상은 악마로 가득 차 있다고 말하며, 악마 수령 72명의 이름을 들었고 그 수하 악마의 수는 740만 5926명일 것으로 산정했다. 그가 마녀재판에 항의한 것은 마녀 미신에 대해서가 아니라 마녀재판 방법의 부정과 기만에 대해서였다.

코넬리우스 루스

코넬리우스 루스는 네덜란드 출신의 신부(1546~1597년)로, 비정통적 신학론에 기초하여 의견을 펼쳤다. 특히 1592년에 『마법의 진실과 거짓』 원고를 쾰른의 서점에 보냈는데 서점 주인이 당국에 통보하는 바람에 붙잡혀서 감금되었고 의견을 철회하라는 명령을 받았다. 그 후 '본래의 이단 상태로 돌아갔다'는 이유로 체포 및 장기 감금되었다. 보석으로 풀려난 후 세 번째로 고발당했지만 그대로 죽었다.

1592년에 취소를 명령받은 19항목의 주장을 살펴보면 그가 쓴 『마법의 진실과 거짓』의 내용이 얼마나 급진적이었는지를 알 수 있다. (1)마녀가 하늘을 난다는 것은 환상이고 허구이다. (2)말도 안 되는 마녀 행위를 했다는 자백은 고문에 의해 강요된 것이다. (7)악마와 계약한다는 것은 말도 안 되는 이야기다. (10)악마와 인간이 성교를 나눈다는 것은 말도 안 되는 이야기다…….

1592년은 마녀재판의 전성기였다. 이 시대에 이와 같은 발언을 했다는 것에 놀라지 않을 수 없다. 세 번째로 고발당했을 때는 다행히 스스로 자연사함으로써 화형을 면했다. 그의 저술은 출판되지 않았고, 그 내용은 유명한 이단 심문관 델리오가 '악마의 성공의 방지약으로서 발표'한 당국의 자기주장 철회 기록을 통해 엿볼 수 있을 뿐이라 세상에 그 어떤 반향도 일으키지 못했다(4부로 구성된 이 책의 2부가 1886년에 G.L. 바에 의해 발견되었다). 그 목소리 중의 단편을 소개하겠다——.

　　'범하지도 않은 죄를 자백하라고 강요하고, 잔인한 도살로 죄 없는 사람들의 생명을 빼앗고, 새로운 연금술이 사람의 피로 금과 은을 만들어낸다. ……오오, 그리스도교 국가여! 언제까지 너는 죄 없는 자의 생명을 위협할 것인가. ……'

프리드리히 랑겐펠트

　프리드리히 랑겐펠트(1591~1635년)는 독일에서 마녀 선풍이 가장 맹렬하게 휘몰아친 시기에 그 중심지 중의 하나였던 뷔르츠부르크에서 참회 말을 들어주는 수도승으로서 2년 남짓의 기간 동안 200여 명의 마녀의 곁을 지키다가 형장으로 보냈고, 마녀재판의 실태를 빠짐없이 관찰한 끝에 독일의 제후와 재판관을 상대로『재판관에게 보내는 경고』라는 맹렬한 항의서를 쓴 인물이다(1631년).

　그를 신뢰한 죄수들은 그에게 원조와 조언을 구하고 진상을 말했다. 그도 죄수를 위해서 할 수 있는 모든 노력을 다했다. 어느 사형수는 고문에 굴하지 않고 '자백'하지 않은 채 유죄를 선고받았는데, 그는 '회개하지 않는 이단자'라며 산 채로 화형에 처해졌다. 랑겐펠트는 형장에서 한 번 더 '자백'하길 권했다. 마녀는 딱 한 마디, "죄를 지었습니다!"라고 대답했다. 랑겐펠트는 서둘러 재판관에게 마녀가 자백했다고 전하며 교살한 다음에 화형에 처해달라고 간청했다. 하지만 간청은 받아들여지지 않았다. 마녀는 산 채로 화형에 처해졌다.

  랑겐펠트가 맹렬하게 항의한 것은 추상적인 이데올로기 때문이 아니라 이러한 구체적인 현실에 대한 소박한 분노와 슬픔 때문이었다. 후일에(1642년) 뷔르츠부르크의 주교가 된 필리프 폰 쇤보른이 젊은 시절에, 랑겐펠트에게 "어째서 이토록 빨리 백발이 되었는가?"라고 묻자 자신이 형장까지 바래다준 수많은 마녀가 억울한 누명을 썼다는 것을 안 후에 머리가 하얗게 셌다고 대답했다(이는 필리프가 친분이 있던 철학자 라이프니츠에게 한 이야기이다. 프리드리히 라이트슈『프랑켄 마녀 사건사[Beitrage Zur Geschichte Des Hexenwesens In Franken]』, 1883년).

  랑겐펠트와 같은 과격한 재판 비판자가 화형에 처해지지 않을 수 있었던 것은 주교의 특별한 보호가 있었기 때문이라고 라이트슈는 말한다. 랑겐펠트의『재판관에게 보내는 경고』의 전체적인 분위기를 살펴볼 수 있도록 극히 일부를 여기에 발췌 인용하도록 하겠다(이 책은 51개의 '물음'에 '답변'하는 형태로 구성되어 있다).

제2 물음. '다른 나라에 비해 독일에 마녀가 많은 것은 어째서인가?'——답변. 흔히들 그와 같이 보고 그와 같이 믿는다. 그 이유는 (1)화형의 연기가 피어올라서 독일 전역의 도처가 어두침침하고, 우리의 적들 사이에서 적지 않은 불신이 생기고 있다. 이는 무지와 미신에서 생기는 것이다. 왜냐하면 다른 그 어떤 나라에서보다 독일에서 갖가지 이상한 불행——태풍과 역병——이 일어나면 즉시 마녀 때문이라고 여기고, 하물며 그렇게 생각하게 할 만한 이야기와 불안을 억제할 치안판사가 전무하다. (2)민중에게 시기심과 악의가 있다. 타국에서는 행복과 불행은 운명이라고 여기는데, 독일에서는 이것을 마녀 때문이라고 여겨서 불안이 생겨난다. 하물며 민중이 특별히 종교적 행사에 열성적인 경우에는 그 경향이 더욱 뚜렷하게 나타난다. 독일에 마녀가 있다는 것을 나는 부정하지 않는다. 하지만 유죄 판결을 받은 수많은 마녀 중에는 무고한 자도 많고, 독일 재판만큼 불확실한 것도 없다.

제7 물음. '관대하게 처리해서 마녀를 박멸시킬 수 있을까?'——답변. 왕후가 제아무리 마녀를 불태우더라도 전부 불태울 수는 없다. 이는 전쟁 이상으로 국토를 황폐화시킬뿐더러 하물며 아무런 이득도 없다.

제15 물음. '마녀사냥을 선동하는 자는 누구인가?'——답변. 고요하게 사변을 즐길 뿐 더러운 감옥도 무거운 쇠사슬도 고문 도구도 가여운 인간의 비탄도 모르는 신학자와 고위 성직자, 그리고 마녀재판을 돈벌이가 괜찮은 일이라고 여기는 재판관…….

제20 물음. '고문을 어떻게 생각하는가?'──답변. 고문받지 않기 위해서라면 죽어도 좋다고 여겨질 만큼 그 고통이 격심하다. 가장 완고한 죄수조차도 고문의 강도를 조금이라도 낮출 수 있다면 어떤 죄라도 자백하겠다고 나에게 털어놓았다. 그들은 고문을 한 번 더 당하느니 열 번 죽기를 바란다. ……많은 자가 지독한 고문을 받다가 죽고, 평생 지워지지 않을 신체장애가 생기고, 몸이 갈가리 찢어진다. 구경꾼들이 그 상처를 보지 못하도록 처형관은 마녀의 목을 칠 때조차 그들의 상의를 벗기지 않는다. ……(고문을 받아서 이미 약해질 대로 약해졌기 때문에) 처형장으로 가는 도중에 죽을 우려가 있어서 서둘러 이동시키기도 한다. ……철제 압축기로 정강이를 으깨고, 피가 낭자하도록 고통을 주고도 '고문에 의하지 않은 자백'이라고 발표하므로 재판관 전문 용어를 모르는 자는 속을 수밖에 없다. ……

제22 물음. '고문으로 무고함이 증명된 마녀는 방면되는가?' ──답변. 방면된 마녀를 나는 한 명도 본 적이 없다. ……방면은 경솔하게 체포하여 고문했음을 의미하므로 명예가 훼손될 수 있다고 재판관이 생각하기 때문이다. 2년 전에 나는 심문하는 모습을 지켜본 적이 있다. 가이아라는 여자는 세간에 마녀라는 풍문이 돌아서 체포되었고, 고문을 이기지 못해 티티아를 공범자로 고발했다. 티티아는 체포되었고 고문당했다. 하지만 자백하지 않았다. 가이아는 처형장으로 끌려가는 길에 티티아에 대한 자신의 고발을 철회했다. 불타오르면서도 강력하게 철회하길 고집했다. 티티아는 당연히 방면되어야 했다. 하지만 그러면 경솔하게 체포했다는 비평을 들을 수 있다는 쪽으로 재판관의 의견은 일치되었다. ……

그 외의 '물음'에 대한 답변도 하나같이 마녀재판의 실체와 진상을 파고든 귀중한 자료이지만, 물음과 답변 전부를 인용할 여유 공간이 없으므로 마지막의 제51 물음에 대한 답변 중의 일부를 인용하고 끝마치겠다.

미신, 질투, 중상모략, 험담, 뒷담화, 이러한 종류의 것이 독일인, 특히 가톨릭교도 사이에서 믿을 수 없을 만큼 유행했고, ……온갖 책임을 하나님도 자연도 아닌 마녀에게 전가했다. ……재판 열기는 사리사욕에 의해 더욱 강렬해졌다. 대가족을 부양하는 가난하고 탐욕스러운 관리는 더욱 지독했다. 왜냐하면 관리들은 소환된 피고로부터 수수료와 수당을 받을 뿐 아니라 화형에 처해진 마녀의 숫자에 따라서 상당한 급료를 받기 때문이다. ……이리하여 마녀는 고문으로 내몰렸다. ……고문을 견디지 못하고 ……알지도 못하는 사람들의 이름을 줄줄이 말했다. 그 사람들 또한 고문당할 것이고 죄 없는 사람들의 이름을 말할 것이다. 그리고 다들 자백해서 다들 유죄가 된다. 이상으로 미루어보았을 때 다음의 사실이 특필되어야 한다. 이와 같은 재판이 계속되는 한 성별, 재력, 처지, 지위를 불문하고 그 누구도 안전할 수 없다는 것.

랑겐펠트의 51가지 '물음' 전부에 대한 '답변'을 열거하면 그것만으로도 마녀재판의 겉과 속을 모두 말하게 된다. 랑겐펠트는 가톨릭교회 중에서 가장 세력이 큰 예수회에 소속되어 있었다. 그런 그가 근대적 합리주의를 떠올리게 하는 이와 같은 항의의 글을 당당하게 발표했다는 것이 경이롭다. 하지만 이 항의자는 마녀의 실재를 부정한 것은 아니다. 그 죄를 '각별한 죄'로서 탄핵한 완벽한 중세인이었다. 바이어와 마찬가지로 그가 공격한 것은 마녀재판이 아니라 재판에서 목도되는 수많은 부정과 기만이었다.

마지막 마녀재판

랑겐펠트가 죽은 후에 뷔르츠부르크를 지배한 주교 필리프는 랑겐펠트의 영향을 받아서 독일에서 마녀재판을 억제할 최초의 인물이 되었다. 하지만 랑겐펠트와 같은 항의자조차 직시하지 못한 뿌리 깊은 중세적 신앙에서 발단한 시류는 쉽게 저지되지 않았다. 마녀 선풍은 랑겐펠트 사후 근 반세기 동안 휘몰아쳤고, 완전히 진정된 것은 1세기 이상 후인 18세기 말엽이었다.

마지막 마녀재판은 잉글랜드가 1717년, 스코틀랜드가 1722

년, 프랑스가 1745년, 독일이 1775년, 스페인이 1781년, 스위스가 1782년, 폴란드가 1793년, 이탈리아가 1791년이었으며, 신대륙 미국에서는 17세기 말에 갑작스럽게 일어난 세일럼 마녀 사건이 마지막이었다. 이상의 연대는 로젤 호프 로빈스의 『마법과 악마론의 백과사전』에서 발췌했는데, 여러 서적을 대조해보았을 때 확정적인 수치라고 볼 수는 없다. 잔존하는 기록 자체가 몹시 불충분하므로 당연한 일이다.

처형된 마녀의 숫자

그럼, 마녀재판이 종말을 맞이할 때까지 마녀로 처형된 사람의 총수는 얼마나 될까? 이에 관한 여러 전문가의 추정치를 살펴보면 1484년(인노첸시오 교황이 교서를 발표한 해) 이후 유럽 대륙에서 처형된 마녀는 30만 명이라는 설(크루스 『교회사』. 섬세한 문헌학자 이완이 '올바른 수치일 가능성이 높다'라고 평가했다)부터 900만 명으로 보는 설(가드너 『오늘의 마법』)에 이르기까지 그 격차가 대단히 크다. 냉정한 연구가 솔던(『마녀재판의 역사』)이 지극히 막연하게 '수백만 명'이라고 밖에 말하지 않은 것만 보더라도 처형된 마녀의 숫자를 추정하는 것이 얼마나 어려운지를 알 수 있다. G.L. 바는 공들여 꼼꼼하게 연구하는 문헌학자인데, 그는 독일에서만 '최소 10만'이라고 추정했고, 잉글랜드에서 죽임을 당한 마녀는 '천 명 이하'라며 몹시 신중하게 말했다(하긴, 잉글랜드는 마녀사냥에 지극히 소극적이었고, 게다가 마녀 판결을 받은 자 중에서 사형에 처해진 자의 평균은 반수 이하——예를 들어 중앙 순회 재판에서 사형에 처해진 자는 29%에 지나지 않았다——였음을 고려해볼 필요가 있다). 신중한 연구가 간에도 이와 같이 격차가 커서 근사치를 추정하는 것조차 불가능하다.

당연한 이치이다. 추정 근거가 될 잔존 기록이 적고, 운 좋게 남아 있는 기록도 완전하지 않기 때문이다. 예를 들어 이완은 잉글랜드의 중앙 순회 재판구의 기소장에 대해 '1643년도 자료 없음', '1711년 하기 재판은 용지 교착으로 인해 조사 불능', '어떤 서류는 뿔뿔이 흩어져 있고, 어떤 서류는 개요 부분만 남아 있음⋯⋯'라는 식으로 조사가 어려움을 호소했다(『마녀사냥과 마녀재판』). 하나의 재판구조차 이러하니 그리스도교 국가 전체의 수치를 추정하는 것은 실로 절망적이라고밖에는 할 수 없다. 하지만 마녀재판 희생자의 수가 30만 명이든 300만 명이든, 암흑재판의 본질을 이해함에 있어서 수치는 중요하지 않다.

마녀재판의 종말

마녀재판의 종말은 다소 급격하며 동시에 조용하게 다가왔다. 세간 사람들이 주목할 만한 위대한 인물은 침묵을 지켰고, 소박한 정의감으로 항의한 소수 무명 전사의 외침에는 사람들이 눈길을 주지 않았다. 따라서 반대파와 옹호파로 갈린 화려한 논쟁 무대도 펼쳐지지 않았다. 이는 레키가 말한 바와 같이 '논쟁 없이 부지불식간에 이루어진 쇠퇴와 소멸'이었다(『유럽의 합리주의』).

조용하게 소멸한 원인을 규명하겠다는 주제넘는 야망이 나에게는 없다. 하지만 이것만큼은 분명하게 말할 수 있다. 즉, 당시까지 '세계 국가'로서 군림하던 그리스도교적인 유럽 성속 양계의 권력적 지배자가 이제는 교회(가톨릭이든 프로테스탄트든 어느 쪽이든 간에)가 아니라는 것, 따라서 교회는 '세계 국가'의 세속적 통괄을 위한 이단 심문과 마녀재판을 더이상 할 필요가 없어졌다는 것, 따라서 또한 국왕과 영주 등의 세속 권력도 더이상 교회의 권위에 봉사 및 동조할 필요가 없어졌다는 것, 요컨대 좌우간 더이상 '마녀'를 만들 필요가 없어졌다는 것이다.

하지만 앞으로도 '새로운 마녀'가 만들어지고 또 새로운 『마녀를 심판하는 망치』 신학이 쓰여질 수 있다.

후기

　서구 중세 후기의 역사를 관통하는 기둥 중의 하나라고 내가 생각하는 '이단 심문'의 역사와 진실을 요령껏 컴팩트하게 정리하면 좋겠다고 생각한 것은 이와나미서점으로부터 의뢰를 받고 앤드루 딕슨 화이트의 『과학과 종교와 투쟁』을 번역한 때로부터 30년도 전의 일이고, 그로부터 10년 후에 마찬가지로 이와나미서점의 의뢰를 받고 존 배그넬 베리의 『사상의 자유의 역사(A history of the freedom of thought)』를 번역하면서 다시금 정리하고 싶은 마음을 품게 되었다. 그 후 다소 준비도 되고 전망도 섰을 때 이와나미서점의 다무라 요시야 씨에게 의논했더니, 다무라 씨는 내가 작성한 계획표 중 하나의 항목에 지나지 않던 '마녀재판'에 주목하고 "이 주제로 초점을 압축합시다!"라고 제안해주었다. 나는 오랫동안 이단 심문 일반을 염두에 두고 있었기 때문에 망설였다. 그리고 고민했다. 하지만 머지않아 이 영민하고 박식한 편집자가 해준 제안이 참으로 적절한 제안이라는 생각이 들었다. 그렇게 생각한 이유 중의 하나는 이와나미신서와 같은 자그마한 책으로 이단 심문 전체를 다루면 지나치게 개략적이 될 수 있고, 다른 하나는 이단 심문의 역사, 제도, 성격이 본질적으로는 모두 '마녀사냥' 안에 집약되어 있다는 중요한 사실을 깨달았기 때문이다. 이것이 이 책을 집필하게 된 계기이다(또 당초에는 제목을 『마녀재판』이라고 할 계획이었는데 『마녀사냥』으로 바꾼 것은 54페이지에서 언급한 이유 때문이다).

생각해보면 그때부터 벌써 10년의 세월이 흘렀다. 2000장 가깝던 메모를 400장가량으로 정리한 때로부터도 4~5년이 흘렀다. 마지막 2~3년 동안은 소위 '대학 문제'에 직접적으로 관여해야 했기 때문에 시간적으로도 심리적으로도 이 작업을 계속할 여유가 전혀 없었음을, 장래에 일본 대학의 역사를 회고할 때에 대비해서 적어두겠다. 이것은 나 개인의 사적인 일이 아니기 때문이다. 작년 봄에 갑작스럽게 의욕을 새롭게 하고 옛 원고를 반복적으로 추고하고 이제 겨우 인쇄 작업에 들어가게 된 것도, 대학 문제에 직접적 관여하는 데서 해방된 것과, 무엇보다 편집부 다바타 사와코 씨의 인내심 있는 응원 덕분이다.

『과학과 종교의 투쟁』의 저자 앤드루 딕슨 화이트가 우수한 제자 역사가 G.L. 바와 함께 수집한 이단 심문 관련 자료(코넬 대학교의 The White Collection)는 생애를 이단 심문 연구에 바친 헨리 찰스 리의 수집 자료(펜실베이니아 대학교의 The Lea Library)와 함께 세계 최대의 자료이자 동시에 그리스도교회의 이단 심문 제도에 대한 비판과 항의 자료의 보고이다. 하지만 여기에서 말해두지 않으면 안 되는 것은 화이트도 리도 경건하고 성실한 그리스도교도이고 털끝만큼도 반종교적인 사람이 아니라는 것이다.

화이트는 『과학과 종교의 투쟁』에서 과학은 종교의 적이 아니라 오히려 종교를 숭고하게 하는 것이고, 과학의 적은 종교가 아니라 신학적 도그마임을 반복해서 강조했다. 어떠한 기성 종교의 신자도 아니지만 도그마를 뛰어넘은 종교적인 것의 고귀함을 믿는 나는 이 책을 쓰며 화이트의 양심적인 해명의 말을 끊임없이 나 자신의 생각이라고 여기지 않을 수 없었다고 여기에 기록해두고 싶다.

마지막으로 중세 문학의 연구가이자 『마법과 악마론의 백과사전』의 저자인 로빈스 박사에게 여러 해에 걸쳐서 지도 및 사진 복사, 그 외 번거로운 부탁을 했음에도 노고를 아끼지 않고 도와준 것에 대해 특별한 감사의 뜻을 전하고 싶다. 덧붙여서 『과학과 종교의 투쟁』 번역 개정판 때에 이어서 이번에도 반복적인 청서 작업을 해준 오미치 기미코 씨에게도 이 기회를 빌려 감사를 표하고 싶다. 또한, 여러 서적과 문헌 등을 입수함에 있어서 고가쿠인 대학교로부터 특별연구비를 원조받았음을 밝혀두는 바이다.

모리시마 쓰네오

마녀사냥

초판 1쇄 인쇄 2020년 4월 10일
초판 1쇄 발행 2020년 4월 15일

저자 : 모리시마 쓰네오
번역 : 김진희

펴낸이 : 이동섭
편집 : 이민규, 서찬웅, 탁승규
디자인 : 조세연, 김현승, 황효주, 김형주
영업 · 마케팅 : 송정환
e-BOOK : 홍인표, 김영빈, 유재학, 최정수
관리 : 이윤미

㈜에이케이커뮤니케이션즈
등록 1996년 7월 9일(제302-1996-00026호)
주소 : 04002 서울 마포구 동교로 17안길 28, 2층
TEL : 02-702-7963~5 FAX : 02-702-7988
http://www.amusementkorea.co.kr

ISBN 979-11-274-3225-6 03920

MAJOGARI
by Tsuneo Morishima
Copyright © 1970, 2003 by Reiko Morishima
Originally published in 1970 by Iwanami Shoten, Publishers, Tokyo.
This Korean print edition published 2020
by AK Communications,Inc., Seoul
by arrangement with Iwanami Shoten, Publishers, Tokyo

이 도서의 국립중앙도서관 출판예정도서목록(CIP)은 서지정보유통지원시스템 홈페이지(http://
seoji.nl.go.kr)와 국가자료공동목록시스템(http://www.nl.go.kr/kolisnet)에서 이용하실 수 있습
니다. (CIP제어번호: CIP2020012306)

*잘못된 책은 구입한 곳에서 무료로 바꿔드립니다.

창작을 위한 아이디어 자료
AK 트리비아 시리즈

No. 01 도해 근접무기
오나미 아츠시 지음 | 이창협 옮김 | 228쪽 | 13,000원
근접무기, 서브 컬처적 지식을 고찰하다!
검, 도끼, 창, 곤봉, 활 등 현대적인 무기가 등
장하기 전에 사용되던 냉병기에 대한 개설
서. 각 무기의 형상과 기능, 유형부터 사용 방법은 물론 서
브컬처의 세계에서 어떤 모습으로 그려지는가에 대해서
도 상세히 해설하고 있다.

No. 02 도해 크툴루 신화
모리세 료 지음 | AK커뮤니케이션즈 편집부 옮김 | 240쪽 | 13,000원
우주적 공포, 현대의 신화를 파헤치다!
현대 환상 문학의 거장 H.P 러브크래프트의
손에 의해 창조된 암흑 신화인 크툴루 신화.
111가지의 키워드를 선정, 각종 도해와 일러스트를 통해
크툴루 신화의 과거와 현재를 해설한다.

No. 03 도해 메이드
이케가미 료타 지음 | 코트랜스 인터내셔널 옮김 |
238쪽 | 13,000원
메이드의 모든 것을 이 한 권에!
메이드에 대한 궁금증을 확실하게 해결해주
는 책. 영국, 특히 빅토리아 시대의 사회를 중심으로, 실존
했던 메이드의 삶을 보여주는 가이드북.

No. 04 도해 연금술
쿠사노 타쿠미 지음 | 코트랜스 인터내셔널 옮김 | 220쪽
| 13,000원
기적의 학문, 연금술을 짚어보다!
연금술사들의 발자취를 따라 연금술에 대해
자세하게 알아보는 책. 연금술에 대한 풍부한 지식을 쉽고
간결하게 정리하여, 체계적으로 해설하며, '진리'를 위해
모든 것을 바친 이들의 기록이 담겨있다.

No. 05 도해 핸드웨폰
오나미 아츠시 지음 | 이창협 옮김 | 228쪽 | 13,000원
모든 개인화기를 총망라!
권총, 기관총, 어설트 라이플, 머신건 등, 개
인 화기를 지칭하는 다양한 명칭들은 대체
무엇을 기준으로 하며 어떻게 붙여진 것일까? 개인 화기
의 모든 것을 기초부터 해설한다.

No. 06 도해 전국무장
이케가미 료타 지음 | 이재경 옮김 | 256쪽 | 13,000원
전국시대를 더욱 재미있게 즐겨보자!
소설이나 만화, 게임 등을 통해 많이 접할 수
있는 일본 전국시대에 대한 입문서. 무장들
의 활약상, 전국시대의 일상과 생활까지 상세히 서술, 전
국시대에 쉽게 접근할 수 있도록 구성했다.

No. 07 도해 전투기
가와노 요시유키 지음 | 문우성 옮김 | 264쪽 | 13,000원
빠르고 강력한 병기, 전투기의 모든 것!
현대전의 정점인 전투기. 역사와 로망 속의
전투기에서 최신예 스텔스 전투기에 이르기
까지, 인류의 전쟁사를 바꾸어놓은 전투기에 대하여 상세
히 소개한다.

No. 08 도해 특수경찰
모리 모토사다 지음 | 이재경 옮김 | 220쪽 | 13,000원
**실제 SWAT 교관 출신의 저자가 특수경찰의
모든 것을 소개!**
특수경찰의 훈련부터 범죄 대처법, 최첨단
수사 시스템, 기밀 작전의 아슬아슬한 부분까지 특수경찰
을 저자의 풍부한 지식으로 폭넓게 소개한다.

No. 09 도해 전차
오나미 아츠시 지음 | 문우성 옮김 | 232쪽 | 13,000원
지상전의 왕자, 전차의 모든 것!
지상전의 지배자이자 절대 강자 전차를 소개
한다. 전차의 힘과 이를 이용한 다양한 전술,
그리고 그 독특한 모습까지. 알기 쉬운 해설과 상세한 일
러스트로 전차의 매력을 전달한다.

No. 10 도해 헤비암즈
오나미 아츠시 지음 | 이재경 옮김 | 232쪽 | 13,000원
전장을 압도하는 강력한 화기, 총집합!
전장의 주역, 보병들의 든든한 버팀목인 강
력한 화기를 소개한 책. 대구경 기관총부터
유탄 발사기, 무반동총, 대전차 로켓 등, 압도적인 화력으
로 전장을 지배하는 화기에 대하여 알아보자!

No. 11 도해 밀리터리 아이템
오나미 아츠시 지음 | 이재경 옮김 | 236쪽 | 13,000원
군대에서 쓰이는 군장 용품을 완벽 해설!
이제 밀리터리 세계에 발을 들이는 입문자들
을 위해 '군장 용품'에 대해 최대한 알기 쉽게
다루는 책. 세부적인 사항에 얽매이지 않고, 상식적으로
갖추어야 할 기초지식을 중심으로 구성되어 있다.

No. 12 도해 악마학
쿠사노 타쿠미 지음 | 김문광 옮김 | 240쪽 | 13,000원
악마에 대한 모든 것을 담은 총집서!
악마학의 시작부터 현재까지의 그 연구 및
발전 과정을 한눈에 알아볼 수 있도록 구성
한 책. 단순한 흥미를 뛰어넘어 영적이고 종교적인 지식의
깊이까지 더할 수 있는 내용으로 구성.

No. 13 도해 북유럽 신화
이케가미 료타 지음 | 김문광 옮김 | 228쪽 | 13,000원
세계의 탄생부터 라그나로크까지!
북유럽 신화의 세계관, 등장인물, 여러 신과
영웅들이 사용한 도구 및 마법에 대한 설명
까지! 당시 북유럽 국가들의 생활상을 통해 북유럽 신화에
대한 이해도를 높일 수 있도록 심층적으로 해설한다.

No. 14 도해 군함
다카하라 나루미 외 1인 지음 | 문우성 옮김 | 224쪽 | 13,000
원
20세기의 전함부터 항모, 전략 원잠까지!
군함에 대한 입문서. 종류와 개발사, 구조, 제
원 등의 기본부터, 승무원의 일상, 정비 비용까지 어렵게 여
겨질 만한 요소를 도표와 일러스트로 쉽게 해설한다.

No. 15 도해 제3제국
모리세 료 외 1인 지음 | 문우성 옮김 | 252쪽 | 13,000원
나치스 독일 제3제국의 역사를 파헤친다!
아돌프 히틀러 통치하의 독일 제3제국에 대
한 개론서. 나치스가 권력을 장악한 과정부
터 조직 구조, 조직을 이끈 핵심 인물과 상호 관계와 갈등,
대립 등, 제3제국의 역사에 대해 해설한다.

No. 16 도해 근대마술
하니 레이 지음 | AK커뮤니케이션즈 편집부 옮김 | 244쪽 | 13,000원
현대 마술의 개념과 원리를 철저 해부!
마술의 종류와 개념, 이름을 남긴 마술사와
마술 단체, 마술에 쓰이는 도구 등을 설명한
다. 겉핥기식의 설명이 아닌, 역사와 각종 매체 속에서 마
술이 어떤 영향을 주었는지 심층적으로 해설하고 있다.

No. 17 도해 우주선
모리세 료 외 1인 지음 | 이재경 옮김 | 240쪽 | 13,000원
우주를 꿈꾸는 사람들을 위한 추천서!
우주공간의 과학적인 설명은 물론, 우주선의
태동에서 발전한 역사, 재질, 발사와 비행의
원리 등, 어떤 원리로 날아다니고 착륙할 수 있는지, 자세
한 도표와 일러스트를 통해 해설한다.

No. 18 도해 고대병기
미즈노 히로키 지음 | 이재경 옮김 | 224쪽 | 13,000원
역사 속의 고대병기, 집중 조명!
지혜와 과학의 결정체, 병기. 그중에서도 고
대의 병기를 집중적으로 조명. 단순한 병기
의 나열이 아닌, 각 병기의 탄생 배경과 활약상, 계보, 작동
원리 등을 상세하게 다루고 있다.

No. 19 도해 UFO
사쿠라이 신타로 지음 | 서형주 옮김 | 224쪽 | 13,000원
UFO에 관한 모든 지식과, 그 허와 실.
첫 번째 공식 UFO 목격 사건부터 현재까지,
세계를 떠들썩하게 만든 모든 UFO 사건을
다룬다. 수많은 미스터리는 물론, 종류, 비행 패턴 등 UFO
에 관한 모든 지식들을 알기 쉽게 정리했다.

No. 20 도해 식문화의 역사
다카하라 나루미 지음 | 채다인 옮김 | 244쪽 | 13,000원
유럽 식문화의 변천사를 조명한다!
중세 유럽을 중심으로, 음식문화의 변화를
설명한다. 최초의 조리 역사부터 식재료, 예
절, 지역별 선호메뉴까지, 시대상황과 분위기, 사람들의 인
식이 어떠한 영향을 끼쳤는지 흥미로운 사실을 다룬다.

No. 21 도해 문장
신노 케이 지음 | 기미정 옮김 | 224쪽 | 13,000원
역사와 문화의 시대적 상징물, 문장!
기나긴 역사 속에서 문장이 어떻게 만들어졌
고, 어떤 도안들이 이용되었는지, 발전 과정
과 유럽 역사 속 위인들의 문장이나 특징적인 문장의 인물
에 대해 설명한다.

No. 22 도해 게임이론
와타나베 타카히로 지음 | 기미정 옮김 | 232쪽 | 13,000원
이론과 실용 지식을 동시에!
죄수의 딜레마, 도덕적 해이, 제로섬 게임 등
다양한 사례 분석과 알기 쉬운 해설을 통해,
누구나가 쉽고 직관적으로 게임이론을 이해하고 현실에
적용할 수 있도록 도와주는 최고의 입문서.

No. 23 도해 단위의 사전

호시다 타다히코 지음 | 문우성 옮김 | 208쪽 | 13,000원

세계를 바라보고, 규정하는 기준이 되는 단위를 풀어보자!

전 세계에서 사용되는 108개 단위의 역사와 사용 방법 등을 해설하는 본격 단위 사전. 정의와 기준, 유래, 측정 대상 등을 명쾌하게 해설한다.

No. 24 도해 켈트 신화

이케가미 료타 지음 | 곽형준 옮김 | 264쪽 | 13,000원

쿠 훌린과 핀 막 쿨의 세계!

켈트 신화의 세계관, 각 설화와 전설의 주요 등장인물들! 이야기에 따라 내용뿐만 아니라 등장인물까지 뒤바뀌는 경우도 있는데, 그런 특별한 사항까지 다루어, 신화의 읽는 재미를 더한다.

No. 25 도해 항공모함

노가미 아키토 외 1인 지음 | 오광웅 옮김 | 240쪽 | 13,000원

군사기술의 결정체, 항공모함 철저 해부!

군사력의 상징이던 거대 전함을 과거의 유물로 전락시킨 항공모함. 각 국가별 발달의 역사와 임무, 영향력에 대한 광범위한 자료를 한눈에 파악할 수 있다.

No. 26 도해 위스키

츠치아 마모루 지음 | 기미정 옮김 | 192쪽 | 13,000원

위스키, 이제는 제대로 알고 마시자!

다양한 음용법과 글라스의 차이, 바 또는 집에서 분위기 있게 마실 수 있는 방법까지, 위스키의 맛을 한층 돋우어주는 필수 지식이 가득! 세계적인 위스키 평론가가 전하는 입문서의 결정판.

No. 27 도해 특수부대

오나미 아츠시 지음 | 오광웅 옮김 | 232쪽 | 13,000원

불가능이란 없다! 전장의 스페셜리스트!

특수부대의 탄생 배경, 종류, 규모, 각종 임무, 그들만의 특수한 장비, 어떠한 상황에서도 살아남기 위한 생존 기술까지 모든 것을 보여주는 책. 왜 그들이 스페셜리스트인지 알게 될 것이다.

No. 28 도해 서양화

다나카 쿠미코 지음 | 김상호 옮김 | 160쪽 | 13,000원

서양화의 변천사와 포인트를 한눈에!

르네상스부터 근대까지, 시대를 넘어 사랑받는 명작 84점을 수록. 각 작품들의 배경과 특징, 그림에 담겨있는 비유적 의미와 기법 등, 감상 포인트를 명쾌하게 해설하였으며, 더욱 깊은 이해를 위한 역사와 종교 관련 지식까지 담겨있다.

No. 29 도해 갑자기 그림을 잘 그리게 되는 법

나카야마 시게노부지음 | 이연희 옮김 | 204쪽 | 13,000원

멋진 일러스트의 초간단 스킬 공개!

투시도와 원근법만으로, 멋지고 입체적인 일러스트를 그릴 수 있는 방법! 그림에 대한 재능이 없다 생각 말고 읽어보자. 그림이 극적으로 바뀔 것이다.

No. 30 도해 사케

키미지마 사토시 지음 | 기미정 옮김 | 208쪽 | 13,000원

사케를 더욱 즐겁게 마셔 보자!

선택 법, 온도, 명칭, 안주와의 궁합, 분위기 있게 마시는 법 등, 사케의 맛을 한층 더 즐길 수 있는 모든 지식이 담겨 있다. 일본 요리의 거장이 전해주는 사케 입문서의 결정판.

No. 31 도해 흑마술

쿠사노 타쿠미 지음 | 곽형준 옮김 | 224쪽 | 13,000원

역사 속에 실존했던 흑마술을 총망라!

악령의 힘을 빌려 행하는 사악한 흑마술을 총망라한 책. 흑마술의 정의와 발전, 기본 법칙을 상세히 설명한다. 또한 여러 국가에서 행해졌던 흑마술 사건들과 관련 인물들을 소개한다.

No. 32 도해 현대 지상전

모리 모토사다 지음 | 정은택 옮김 | 220쪽 | 13,000원

아프간 이라크! 현대 지상전의 모든 것!!

저자가 직접, 실제 전장에서 활동하는 군인은 물론 민간 군사기업 관계자들과도 폭넓게 교류하면서 얻은 정보들을 아낌없이 공개한 책. 현대전에 투입되는 지상전의 모든 것을 해설한다.

No. 33 도해 건파이트

오나미 아츠시 지음 | 송명규 옮김 | 232쪽 | 13,000원

총격전에서 일어나는 상황을 파헤친다!

영화, 소설, 애니메이션 등에서 볼 수 있는 총격전. 그 장면들은 진짜일까? 실전에서 총기를 어떻게 다루고, 어디에 몸을 숨겨야 할까. 자동차 추격전에서의 내처법이란 건 액션의 핵심 지식.

No. 34 도해 마술의 역사

쿠사노 타쿠미 지음 | 김진아 옮김 | 224쪽 | 13,000원

마술의 탄생과 발전 과정을 알아보자!

고대에서 현대에 이르기까지 마술은 문화의 발전과 함께 널리 퍼져나갔으며, 다른 마술과 접촉하면서 그 깊이를 더해왔다. 마술의 발생시기와 장소, 변모 등 역사와 개요를 상세히 소개한다.

No. 35 도해 군용 차량
노가미 아키토 지음 | 오광웅 옮김 | 228쪽 | 13,000원

지상의 왕자, 전차부터 현대의 바퀴달린 사역 마까지!!

전투의 핵심인 전투 차량부터 눈에 띄지 않는 무대에서 묵묵히 임무를 다하는 각종 지원 차량까지. 각자 맡은 임무에 충실하도록 설계되고 고안된 군용 차량만의 다채로운 세계를 소개한다.

No. 36 도해 첩보·정찰 장비
사카모토 아키라 지음 | 문성호 옮김 | 228쪽 | 13,000원

승리의 열쇠 정보! 정보전의 모든 것!

소음총, 소형 폭탄, 소형 카메라 및 통신기 등 영화에서나 등장할 법한 첩보원들의 특수 장비부터 정찰 위성에 이르기까지 첩보 및 정찰 장비들을 400점의 사진과 일러스트로 설명한다.

No. 37 도해 세계의 잠수함
사카모토 아키라 지음 | 류재학 옮김 | 242쪽 | 13,000원

바다를 지배하는 침묵의 자객, 잠수함.

잠수함은 두 번의 세계대전과 냉전기를 거쳐. 최첨단 기술로 최신 무장시스템을 갖추어왔다. 원리와 구조, 승조원의 훈련과 임무, 생활과 전투 방법 등을 사진과 일러스트로 철저히 해부한다.

No. 38 도해 무녀
토키타 유스케 지음 | 송명규 옮김 | 236쪽 | 13,000원

무녀와 샤머니즘에 관한 모든 것!

무녀의 기원부터 시작하여 일본의 신사에서 치르고 있는 각종 의식, 그리고 델포이의 무녀, 한국의 무당을 비롯한 세계의 샤머니즘과 각종 종교를 106가지의 소주제로 분류하여 해설한다!

No. 39 도해 세계의 미사일 로켓 병기
사카모토 아키라 | 유병준·김성훈 옮김 | 240쪽 | 13,000원

ICBM부터 THAAD까지!

현대전의 진정한 주역이라 할 수 있는 미사일. 보병이 휴대하는 대전차 로켓부터 공대공 미사일, 대륙간 탄도탄, 그리고 근래 들어 언론의 주목을 받고 있는 ICBM과 THAAD까지 미사일의 모든 것을 해설한다!

No. 40 독과 약의 세계사
후나야마 신지 지음 | 진정숙 옮김 | 292쪽 | 13,000원

독과 약의 차이란 무엇인가?

화학물질을 어떻게 하면 유용하게 활용할 수 있는가 하는 것은 인류에 있어 중요한 과제 가운데 하나라 할 수 있다. 독과 약의 역사, 그리고 우리 생활과의 관계에 대하여 살펴보도록 하자.

No. 41 영국 메이드의 일상
무라카미 리코 지음 | 조아라 옮김 | 460쪽 | 13,000원

빅토리아 시대의 아이콘 메이드!

가사 노동자이며 직장 여성의 최대 다수를 차지했던 메이드의 일과 생활을 통해 영국의 다른 면을 살펴본다. 「엠마 빅토리안 가이드」의 저자 무라카미 리코의 빅토리안 시대 안내서.

No. 42 영국 집사의 일상
무라카미 리코 지음 | 기미정 옮김 | 292쪽 | 13,000원

집사, 남성 가사 사용인의 모든 것!

Butler, 즉 집사로 대표되는 남성 상급 사용인. 그들은 어떠한 일을 했으며 어떤 식으로 하루를 보냈을까? 「엠마 빅토리안 가이드」의 저자 무라카미 리코의 빅토리안 시대 안내서 제2탄.

No. 43 중세 유럽의 생활
가와하라 아쓰시 외 1인 지음 | 남지연 옮김 | 260쪽 | 13,000원

새롭게 조명하는 중세 유럽 생활사

철저히 분류되는 중세의 신분. 그 중 「일하는 자」의 일상생활은 어떤 것이었을까? 각종 도판과 사료를 통해, 중세 유럽에 대해 알아보자.

No. 44 세계의 군복
사카모토 아키라 지음 | 진정숙 옮김 | 130쪽 | 13,000원

세계 각국 군복의 어제와 오늘!!

형태와 기능미가 절묘하게 융합된 의복인 군복. 제2차 세계대전에서 현대에 이르기까지, 각국의 전투복과 정복 그리고 각종 장구류와 계급장, 훈장 등. 군복만의 독특한 매력을 느껴보자!

No. 45 세계의 보병장비
사카모토 아키라 지음 | 이상언 옮김 | 234쪽 | 13,000원

현대 보병장비의 모든 것!

군에 있어 가장 기본이 되는 보병! 개인화기, 전투복, 군장, 전투식량, 그리고 미래의 장비까지. 제2차 세계대전 이후 눈부시게 발전한 보병 장비와 현대전에 있어 보병이 지닌 의미에 대하여 살펴보자.

No. 46 해적의 세계사
모이 지로 지음 | 김효진 옮김 | 280쪽 | 13,000원

「영웅」인가, 「공적」인가?

지중해, 대서양, 카리브해, 인도양에서 활동했던 해적을 중심으로, 영웅이자 악탈자, 정복자, 야심가 등 여러 시대에 걸쳐 등장했던 다양한 해적들이 세계사에 남긴 발자취를 더듬어본다.

No. 47 닌자의 세계
야마키타 아츠시 지음 | 송명규 옮김 | 232쪽 | 13,000원
실제 닌자의 활약을 살펴본다!
어떠한 임무라도 완수할 수 있도록 닌자는 온 갖 지혜를 짜내며 궁극의 도구와 인술을 만들 어냈다. 과연 닌자는 역사 속에서 어떤 활약을 펼쳤을까.

No. 53 마도서의 세계
쿠사노 타쿠미 지음 | 남지연 옮김 | 236쪽 | 15,000원
마도서의 기원과 비밀!
천사와 악마 같은 영혼을 소환하여 자신의 소망을 이루는 마도서의 원리를 설명한다.

No. 48 스나이퍼
오나미 아츠시 지음 | 이상언 옮김 | 240쪽 | 13,000원
스나이퍼의 다양한 장비와 고도의 테크닉!
아군의 절체절명 위기에서 한 끗 차이의 절묘 한 타이밍으로 전세를 역전시키기도 하는 스 나이퍼의 세계를 알아본다.

No. 54 영국의 주택
야마다 카요코 외 지음 | 문성호 옮김 | 252쪽 | 17,000원
영국인에게 집은 「물건」이 아니라 「문화」다!
영국 지역에 따른 집들의 외관 특징, 건축 양 식, 재료 특성, 각종 주택 스타일을 상세하게 설명한다.

No. 49 중세 유럽의 문화
이케가미 쇼타 지음 | 이은수 옮김 | 256쪽 | 13,000원
심오하고 매력적인 중세의 세계!
기사, 사제와 수도사, 음유시인에 숙녀, 그리 고 농민과 상인과 기술자들. 중세 배경의 판 타지 세계에서 자주 보았던 그들의 리얼한 생활을 풍부한 일러스트와 표로 이해한다!

No. 55 발효
고이즈미 다케오 지음 | 장현주 옮김 | 224쪽 | 15,000원
미세한 거인들의 경이로운 세계!
세계 각지 발효 문화의 놀라운 신비와 의의 를 살펴본다. 발효를 발전시켜온 인간의 깊 은 지혜와 훌륭한 발상이 보일 것이다.

No. 50 기사의 세계
이케가미 슌이치 지음 | 남지연 옮김 | 232쪽 | 15,000 원
중세 유럽 사회의 주역이었던 기사!
기사들은 과연 무엇을 위해 검을 들었는가. 지향하는 목표는 무엇이었는가. 기사의 탄생 에서 몰락까지, 역사의 드라마를 따라가며 그 진짜 모습을 파헤친다.

No. 56 중세 유럽의 레시피
코스트마리 사무국 슈 호카 지음 | 김효진 옮김 | 164쪽 | 15,000원
간단하게 중세 요리를 재현!
당시 주로 쓰였던 향신료, 허브 등 중세 요리 에 대한 풍부한 지식은 물론 더욱 맛있게 즐길 수 있는 요 리법도 함께 소개한다.

No. 51 영국 사교계 가이드
무라카미 리코 지음 | 문성호 옮김 | 216쪽 | 15,000원
19세기 영국 사교계의 생생한 모습!
당시에 많이 출간되었던 「에티켓 북」의 기술 을 바탕으로, 빅토리아 시대 중류 여성들의 사교 생활을 알아보며 그 속마음까지 들여다본다.

No. 57 알기 쉬운 인도 신화
천축 기담 지음 | 김진희 옮김 | 228쪽 | 15,000 원
전쟁과 사랑 속의 인도 신들!
강렬한 개성이 충돌하는 무아와 혼돈의 이야 기를 담았다. 2대 서사시 「라마야나」와 「마하 바라타」의 세계관부터 신들의 특징과 일화에 이르는 모든 것을 파악한다.

No. 52 중세 유럽의 성채 도시
가이하쓰샤 지음 | 김진희 옮김 | 232쪽 | 15,000원
견고한 성벽으로 도시를 둘러싼 성채 도시!
성채 도시는 시대의 흐름에 따라 문화, 상업, 군사 면에서 진화를 거듭한다. 궁극적인 기 능미의 집약체였던 성채 도시의 주민 생활상부터 공성전 무기, 전술까지 상세하게 알아본다.

No. 58 방어구의 역사
다카히라 나루미 지음 | 남지연 옮김 | 244쪽 | 15,000원
역사에 남은 다양한 방어구!
기원전 문명의 아이템부터 현대의 방어구인 헬멧과 방탄복까지 그 역사적 변천과 특색 · 재질 · 기능을 망라하였다.

-AK TRIVIA SPECIAL

환상 네이밍 사전
신키겐샤 편집부 지음 | 유진원 옮김 | 288쪽 | 14,800원

의미 없는 네이밍은 이제 그만!
운명은 프랑스어로 무엇이라고 할까? 독일어,
일본어로는? 중국어로는? 더 나아가 이탈리아
어, 러시아어, 그리스어, 라틴어, 아랍어에 이르
기까지. 1,200개 이상의 표제어와 11개국어, 13,000개 이
상의 단어를 수록!!

중2병 대사전
노무라 마사타카 지음 | 이재경 옮김 | 200쪽 | 14,800원

이 책을 보는 순간, 당신은 이미 궁금해하고 있다!
사춘기 청소년이 행동할 법한, 손발이 오그라드
는 행동이나 사고를 뜻하는 중2병. 서브컬처 작
품에 자주 등장하는 중2병의 의미와 기원 등, 102개의 항목
에 대해 해설과 칼럼을 곁들여 알기 쉽게 설명 한다.

크툴루 신화 대사전
고토 카츠 외 1인 지음 | 곽형준 옮김 | 192쪽 | 13,000원

신화의 또 다른 매력, 무한한 가능성!
H.P. 러브크래프트를 중심으로 여러 작가들의
설정이 거대한 세계관으로 자리잡은 크툴루 신
화. 현대 서브 컬처에 지대한 영향을 끼치고 있다. 대중 문화
속에 알게 모르게 자리 잡은 크툴루 신화의 요소를 설명하는
본격 해설서.

문양박물관
H. 돌메치 지음 | 이지은 옮김 | 160쪽 | 8,000원

세계 문양과 장식의 정수를 담다!
19세기 독일에서 출간된 H.돌메치의 『장식의
보고』를 바탕으로 제작된 책이다. 세계 각지의
문양 장식을 소개한 이 책은 이론보다 실용에
초점을 맞춘 입문서. 화려하고 아름다운 전 세계의 문양을 수
록한 실용적인 자료집으로 손꼽힌다.

고대 로마군 무기·방어구·전술 대전
노무라 마사타카 외 3인 지음 | 기미정 옮김 | 224쪽 | 13,000원

위대한 정복자, 고대 로마군의 모든 것!
부대의 편성부터 전술, 장비 등. 고대 최강의 군
대라 할 수 있는 로마군이 어떤 집단이었는지
상세하게 분석하는 해설서. 압도적인 군사력으로 세계를 석
권한 로마 제국. 그 힘의 전모를 철저하게 검증한다.

도감 무기 갑옷 투구
이치카와 사다하루 외 3인 지음 | 남지연 옮김 | 448쪽 | 29,000원

역사를 망라한 궁극의 군장도감!
고대로부터 무기는 당시 최신 기술의 정수와 함
께 철학과 문화, 신념이 어우러져 완성되었다.
이 책은 그러한 무기들의 기능, 원리, 목적 등과 더불어 그 기
원과 발전 양상 등을 그림과 표를 통해 알기 쉽게 설명하고
있다. 역사상 실재한 무기와 갑옷, 투구들을 통사적으로 살펴
보자!

중세 유럽의 무술, 속 중세 유럽의 무술
오사다 류타 지음 | 남유리 옮김 |
각 권 672쪽~624쪽 | 각 권 29,000원

본격 중세 유럽 무술 소개서!
막연하게만 떠오르는 중세 유럽~르네상스 시
대에 활약했던 검술과 격투술의 모든 것을 담은
책. 영화 등에서만 접할 수 있었던 유럽 중세시
대 무술의 기본이념과 자세, 방어, 보법부터, 시
대를 풍미한 각종 무술까지, 일러스트를 통해
알기 쉽게 설명한다.

최신 군용 총기 사전
토코이 마사미 지음 | 오광웅 옮김 | 564쪽 | 45,000원

세계 각국의 현용 군용 총기를 총망라!
주로 군용으로 개발되었거나 군대 또는 경찰의
대테러부대처럼 중무장한 조직에 배치되어 사
용되고 있는 소화기가 중점적으로 수록되어 있으며, 이외에
도 각 제작사에서 국제 군수시장에 수출할 목적으로 개발, 시
제품만이 소수 제작되었던 총기류도 함께 실려 있다.

초패미컴, 초초패미컴
타네 키요시 외 2인 지음 | 문성호 외 1인 옮김 |
각 권 360, 296쪽 | 각 권 14,800원

게임은 아직도 패미컴을 넘지 못했다!
패미컴 탄생 30주년을 기념하여, 1983년 「동
키콩」부터 시작하여, 1994년 「타카하시 명인
의 모험도 IV」까지 총 1004 개의 작품에 대한
리뷰를 담은 영구 소장판. 패미컴과 함께했던
아련한 추억을 간직하고 있는 모든 이들을 위한
책이다.

초쿠소게 1,2
타네 키요시 외 2인 지음 | 문성호 옮김 |
각 권 224, 300쪽 | 각 권 14,800원

망작 게임들의 숨겨진 매력을 재조명!
『쿠소게クソゲ-』란 '똥-クソ'과 '게임-Game'의
합성어로, 어감 그대로 정말 못 만들고 재미없
는 게임을 지칭할 때 사용되는 조어이다. 그야
말로 바꾸면 망작 게임 정도가 될 것이다. 레트
로 게임에서부터 플레이스테이션3까지 게이머
들의 기대를 보란듯이 저버렸던 수많은 쿠소게
들을 총망라하였다.

초에로게, 초에로게 하드코어
타네 키요시 외 2인 지음 | 이은수 옮김 |
각 권 276쪽, 280쪽 | 각 권 14,800원

명작 18금 게임 총출동!
에로게란 '에로-エロ'와 '게임-Game'의 합성어
로, 말 그대로 성적인 표현이 담긴 게임을 지칭
한다. '에로게 헌터'라 자처하는 베테랑 저자들
의 엄격한 심사(?)를 통해 선정된 '명작 에로게'
들에 대한 본격 리뷰집!!

세계의 전투식량을 먹어보다
키쿠즈키 토시유키 지음 | 오광용 옮김 | 144쪽 | 13,000원
전투식량에 관련된 궁금증을 한권으로 해결!
전투식량이 전장에서 자리를 잡아가는 과정과, 미국의 독립전쟁부터 시작하여 역사 속 여러 전쟁의 전투식량 배급 양상을 살펴보는 책. 식품부터 식기까지, 수많은 전쟁 속에서 전투식량이 어떠한 모습으로 등장하였고 병사들은 이를 어떻게 취식하였는지, 흥미진진한 역사를 소개하고 있다.

민족의상 1,2
오귀스트 라시네 지음 | 이지은 옮김 | 각 권 160쪽 | 각 8,000원
화려하고 기품 있는 색감!!
디자이너 오귀스트 라시네의 「복식사」 전 6권 중에서 민족의상을 다룬 부분을 바탕으로 제작되었다. 당대에 정점에 올랐던 석판 인쇄 기술로 완성되어, 시대가 흘렀음에도 그 세세하고 풍부하고 아름다운 색감이 주는 감동은 여전히 빛을 발한다.

세계장식도 Ⅰ, Ⅱ
오귀스트 라시네 지음 | 이지은 옮김 | 각 권 160쪽 |
각 권 8,000원
공예 미술계 불후의 명작을 농축한 한 권!
19세기 프랑스에서 가장 유명한 디자이너였던 오귀스트 라시네의 대표 저서 「세계장식 도집성」에서 인상적인 부분을 뽑아내 콤팩트하게 정리한 다이제스트판. 공예 미술의 각 분야를 포괄하는 내용을 담은 책으로, 방대한 예시를 더욱 정교하게 소개한다.

중세 유럽의 복장
오귀스트 라시네 지음 | 이지은 옮김 | 160쪽 | 8,000원
고품격 유럽 민족의상 자료집!!
19세기 프랑스의 유명한 디자이너 오귀스트 라시네가 직접 당시의 민족의상을 그린 자료집. 유럽 각지에서 사람들이 실제로 입었던 민족의상의 모습을 그대로 풍부하게 수록하였다. 각 나라의 특색과 문화가 담겨 있는 민족의상을 감상할 수 있다.

서양 건축의 역사
사토 다쓰키 지음 | 조민경 옮김 | 264쪽 | 14,000원
서양 건축사의 결정판 가이드 북!
건축의 역사를 살펴보는 것은 당시 사람들의 의식을 들여다보는 것과도 같다. 이 책은 고대에서 중세, 르네상스기로 넘어오며 탄생한 다양한 양식들을 당시의 사회, 문화, 기후, 토질 등을 바탕으로 해설하고 있다.

그림과 사진으로 풀어보는 이상한 나라의 앨리스
구와바라 시게오 지음 | 조민경 옮김 | 248쪽 | 14,000원
매혹적인 원더랜드의 논리를 완전 해설!
산업 혁명을 통한 눈부신 문명의 발전과 그 그늘. 도덕주의와 엄숙주의, 위선과 허영이 병존하던 빅토리아 시대는 「원더랜드」의 탄생과 그 배경으로 어떻게 작용했을까? 순진 무구한 소녀 앨리스가 우연히 발을 들인 기묘한 세상의 완전 가이드북!!

세계의 건축
코우다 미노루 외 1인 지음 | 조민경 옮김 | 256쪽 |
14,000원
고품격 건축 일러스트 자료집!
시대를 망라하여, 건축물의 외관 및 내부의 장식을 정밀한 일러스트로 소개한다. 흔히 보이는 풍경이나 딱딱한 도시의 건축물이 아닌, 고풍스러운 건물들을 섬세하고 세밀한 선화로 표현하여 만화, 일러스트 자료에 최적화된 형태로 수록하고 있다.

그림과 사진으로 풀어보는 알프스 소녀 하이디
지바 가오리 외 지음 | 남지연 옮김 | 224쪽 | 14,000원
하이디를 통해 살펴보는 19세기 유럽사!
「하이디」라는 작품을 통해 19세기 말의 스위스를 알아본다. 또한 원작자 슈피리의 생애를 교차시켜 「하이디」의 세계를 깊이 파고든다. 「하이디」를 읽을 사람은 물론, 작품을 보다 깊이 감상하고 싶은 사람에게 있어 좋은 안내서가 되어줄 것이다.

지중해가 낳은 천재 건축가 -안토니오 가우디
이리에 마사유키 지음 | 김진아 옮김 | 232쪽 | 14,000원
천재 건축가 가우디의 인생, 그리고 작품
19세기 말~20세기 초의 카탈루냐 지역 및 그의 작품들이 지어진 바르셀로나의 지역사, 그리고 카사 바트요, 구엘 공원, 사그라다 파밀리아 성당 등의 작품들을 통해 안토니오 가우디의 생애를 본격적으로 살펴본다.

영국 귀족의 생활
다나카 료코 지음 | 김상호 옮김 | 192쪽 | 14,000원
영국 귀족의 우아한 삶을 조명한다
현대에도 귀족제도가 남아있는 영국. 귀족이 영국 사회에서 어떠한 의미를 가지고 또 기능하는지, 상세한 설명과 사진자료를 통해 귀족 특유의 화려함과 고상함의 이면에 자리 잡은 책임과 무게, 귀족의 삶 깊숙한 곳까지 스며든 '노블레스 오블리주'의 진정한 의미를 알아보자.

요리 도감
오치 도요코 지음 | 김세원 옮김 | 384쪽 | 18,000원

요리는 힘! 삶의 저력을 키워보자!!
이 책은 부모가 자식에게 조곤조곤 알려주는 요리 조언집이다. 처음에는 요리가 서툴고 다소 귀찮게 느껴질지 모르지만, 약간의 요령과 습관만 익히면 스스로 요리를 완성한다는 보람과 매력, 그리고 요리라는 삶의 지혜에 눈을 뜨게 될 것이다.

초콜릿어 사전
Dolcerica 가가와 리카코 지음 | 이지은 옮김 | 260쪽 | 13,000원

사랑스러운 일러스트로 보는 초콜릿의 매력!
나른해지는 오후, 기력 보충 또는 기분 전환 삼아 한 조각 먹게 되는 초콜릿. 『초콜릿어 사전』은 초콜릿의 역사와 종류, 제조법 등 기본 정보와 관련 용어 그리고 그 해설을 유머러스하면서도 사랑스러운 일러스트와 함께 싣고 있는 그림 사전이다.

사육 재배 도감
아리사와 시게오 지음 | 김민영 옮김 | 384쪽 | 18,000원

동물과 식물을 스스로 키워보자!
생명을 돌보는 것은 결코 쉬운 일이 아니다. 꾸준히 손이 가고, 인내심과 동시에 책임감을 요구하기 때문이다. 그럴 때 이 책과 함께 한다면 어떨까? 살아있는 생명과 함께하며 성숙해진 마음은 그 무엇과도 바꿀 수 없는 보물로 남을 것이다.

판타지세계 용어사전
고타니 마리 감수 | 전홍식 옮김 | 248쪽 | 18,000원

판타지의 세계를 즐기는 가이드북!
온갖 신비로 가득한 판타지의 세계. 『판타지세계 용어사전』은 판타지의 세계에 대한 이해를 돕고 보다 깊이 즐길 수 있도록, 세계 각국의 신화, 전설, 역사적 사건 속의 용어들을 뽑아 해설하고 있으며, 한국어판 특전으로 역자가 엄선한 한국 판타지 용어 해설집을 수록하고 있다.

식물은 대단하다
다나카 오사무 지음 | 남지연 옮김 | 228쪽 | 9,800원

우리 주변의 식물들이 지닌 놀라운 힘!
오랜 세월에 걸쳐 거목을 말려 죽이는 교살자 무화과나무, 딱지를 만들어 몸을 지키는 바나나 등 식물이 자신을 보호하는 아이디어, 환경에 적응하여 살아가기 위한 구조의 대단함을 해설한다. 동물은 흉내 낼 수 없는 식물의 경이로운 능력을 알아보자.

세계사 만물사전
헤이본사 편집부 지음 | 남지연 옮김 | 444쪽 | 25,000원

우리 주변의 교통 수단을 시작으로, 의복, 각종 악기와 음악, 문자, 농업, 신화, 건축물과 유적 등, 고대부터 제2차 세계대전 종전 이후까지의 각종 사물 약 3000점의 유래와 그 역사를 상세한 그림으로 해설한다.

그림과 사진으로 풀어보는 **마녀의 약초상자**
니시무라 유코 지음 | 김상호 옮김 | 220쪽 | 13,000원

「약초」라는 키워드로 마녀를 추적하다!
정체를 알 수 없는 약물을 제조하거나 저주와 마술을 사용했다고 알려진 「마녀」란 과연 어떤 존재였을까? 그들이 제조해온 마법약의 재료와 제조법, 마녀들이 특히 많이 사용했던 여러 종의 약초와 그에 얽힌 이야기들을 통해 마녀의 비밀을 알아보자.

고대 격투기
오사다 류타 지음 | 남지연 옮김 | 264쪽 | 21,800원

고대 지중해 세계의 격투기를 총망라!
레슬링, 복싱, 판크라티온 등의 맨몸 격투술에서 무기를 활용한 전투술까지 풍부하게 수록한 격투 교본. 고대 이집트 · 로마의 격투술을 일러스트로 상세하게 해설한다.

초콜릿 세계사
-근대 유럽에서 완성된 갈색의 보석
다케다 나오코 지음 | 이지은 옮김 | 240쪽 | 13,000원

신비의 약이 연인 사이의 선물로 자리 잡기까지의 역사!
원산지에서 「신의 음료」라고 불렸던 카카오. 유럽 탐험가들에 의해 서구 세계에 알려진 이래, 19세기에 이르러 오늘날의 형태와 같은 초콜릿이 탄생했다. 전 세계로 널리 퍼질 수 있었던 초콜릿의 흥미진진한 역사를 살펴보자.

에로 만화 표현사
키미 리토 지음 | 문성호 옮김 | 456쪽 | 29,000원

에로 만화에 학문적으로 접근하다!
에로 만화 주요 표현들의 깊은 역사, 복잡하게 얽힌 성립 배경과 관련 사건 등에 대해 자세히 분석해본다.

크툴루 신화 대사전

히가시 마사오 지음 | 전홍식 옮김 | 552쪽 | 25,000원

크툴루 신화 세계의 최고의 입문서!
크툴루 신화 세계관은 물론 그 모태인 러브크
래프트의 문학 세계와 문화사적 배경까지 총망
라하여 수록한 대사전이다.

아리스가와 아리스의 밀실 대도감

아리스가와 아리스 지음 | 김효진 옮김 | 372쪽 | 28,000원

41개의 놀라운 밀실 트릭!
아리스가와 아리스의 날카로운 밀실 추리소설
해설과 이소다 가즈이치의 생생한 사건현장 일
러스트가 우리를 놀랍고 신기한 밀실의 세계로
초대한다.

연표로 보는 과학사 400년

고야마 게타 지음 | 김진희 옮김 | 400쪽 | 17,000원

알기 쉬운 과학사 여행 가이드!
「근대 과학」이 탄생한 17세기부터 우주와 생명
의 신비에 자연 과학으로 접근한 현대까지, 파
란만장한 400년 과학사를 연표 형식으로 해설
한다.